1+X职业技能等级证书配套教材

门店数字化运营与管理系列

门店数字化运营与管理实训

（中级）

MENDIAN SHUZIHUA YUNYING YU GUANLI SHIXUN

主　编　李卫华　殷志扬　任光辉

副主编　时应峰　王　翠　赵　鹏

中国人民大学出版社

·北京·

图书在版编目（CIP）数据

门店数字化运营与管理实训：中级 / 李卫华，殷志扬，任光辉主编. -- 北京：中国人民大学出版社，2021.10

"1+X"职业技能等级证书配套教材. 门店数字化运营与管理系列

ISBN 978-7-300-29988-4

Ⅰ. ①门… Ⅱ. ①李… ②殷… ③任… Ⅲ. ①商店－运营管理－数字化－职业技能－鉴定－教材 Ⅳ. ① F717-39

中国版本图书馆 CIP 数据核字（2021）第 205178 号

"1+X"职业技能等级证书配套教材·门店数字化运营与管理系列

门店数字化运营与管理实训（中级）

主　编　李卫华　殷志扬　任光辉

副主编　时应峰　王　翠　赵　鹏

Mendian Shuzihua Yunying yu Guanli Shixun (Zhongji)

出版发行	中国人民大学出版社		
社　　址	北京中关村大街 31 号	**邮政编码**	100080
电　　话	010－62511242（总编室）		010－62511770（质管部）
	010－82501766（邮购部）		010－62514148（门市部）
	010－62515195（发行公司）		010－62515275（盗版举报）
网　　址	http://www.crup.com.cn		
经　　销	新华书店		
印　　刷	中煤（北京）印务有限公司		
规　　格	185 mm × 260 mm　16 开本	**版　　次**	2021 年 10 月第 1 版
印　　张	11.75	**印　　次**	2021 年 10 月第 1 次印刷
字　　数	250 000	**定　　价**	49.00 元

"1+X"职业技能等级证书配套教材·门店数字化运营与管理系列

编委会名单

前言 PREFACE

《国家职业教育改革实施方案》中明确提出，在职业院校、应用型本科高校启动"学历证书＋若干职业技能等级证书"（即"1+X"证书）制度试点工作，鼓励学习者在获得学历证书的同时，积极取得多类职业技能等级证书。

为了贯彻落实《国家职业教育改革实施方案》，积极推动"学历证书＋若干职业技能等级证书"的制度试点，进一步完善相关行业技术技能标准体系，为技术技能人才教育和培训提供科学、规范的依据，中联职教（北京）科技有限公司依据当前相关行业发展的实际情况，结合自身多年零售行业经验，联合行业、企业、院校，组织有关专家开发了《门店数字化运营与管理职业技能等级标准》，并在此基础上开发了"1+X"职业技能等级证书配套教材·门店数字化运营与管理系列。

《门店数字化运营与管理实训（中级）》是依据《门店数字化运营与管理职业技能等级标准（中级）》编写的，通过学习本书，学习者可以对门店、连锁门店的数字化运营形成系统而清晰的认知。在编写过程中，笔者调研了大量零售、餐饮行业企业对门店管理运营岗位的技能要求，形成了如下鲜明特色。

1. 以"1+X"证书制度为导向，以证书标准内容为基础，聚焦关键工作技能

本书积极贯彻落实国务院发布的《国家职业教育改革实施方案》中关于"1+X"证书制度试点的要求，加快学历证书和职业技能等级证书的互通衔接，并围绕着门店数字化运营与管理职业技能等级标准，以企业门店实际运营方式及工作流程为依据而编写。

2. 校企合作编写，理论知识与实践技能有效融合，教材实用性强

本书为院校和企业合作编写，以门店的实际运营工作流程为蓝本，聚焦关键工作领域，将理论和实践技能有效融合。通过理论知识和实操知识的学习，学习者可以胜任相应岗位的工作。

3. 知识体系完整，符合学习者的认知规律与学习能力

本书从门店的基础运营知识入手，逐步加深难度，全方位涉及门店的运营、人员管理、财务管理等方面知识，理论联系实践，符合学习者的学习规律，有利于学习者建立

完善的知识体系。

本书由中联职教（北京）科技有限公司组织编写，得到了江苏经贸职业技术学院、苏州经贸职业技术学院等众多高校，北京百品五味集团、北京比格餐饮管理有限责任公司等多家企业以及中国人民大学出版社的大力支持。其中：江苏经贸职业技术学院李卫华、苏州农业职业技术学院殷志扬、山东省高密市高级技工学校任光辉进行了全书的整体设计以及后期统稿工作。在编写方面，安徽国际商务职业学院赵鹏进行了工作领域一的编写，苏州农业职业技术学院殷志扬进行了工作领域二工作任务一的编写，苏州农业职业技术学院李方永进行了工作领域二工作任务二的编写，苏州农业职业技术学院周燕进行了工作领域二工作任务三的编写，苏州经贸职业技术学院王翠进行了工作领域三工作任务一、三的编写，苏州经贸职业技术学院陈晓君进行了工作领域三工作任务二的编写，南京市莫愁中等专业学校姜佳金进行了工作领域四的编写，江苏经贸职业技术学院时应峰进行了工作领域五的编写。

在此，对各位老师和朋友的辛勤工作表示衷心的感谢！由于门店数字化运营与管理涉及的内容具有较强的时效性，加之编写时间有限，书中难免存在不足之处，恳请广大读者批评指正，以使本书日臻完善。

编者

目 录 ……… CONTENTS

工作领域五 5

门店销售目标管理

工作领域一

连锁门店基础运营与管理概述

知识导图

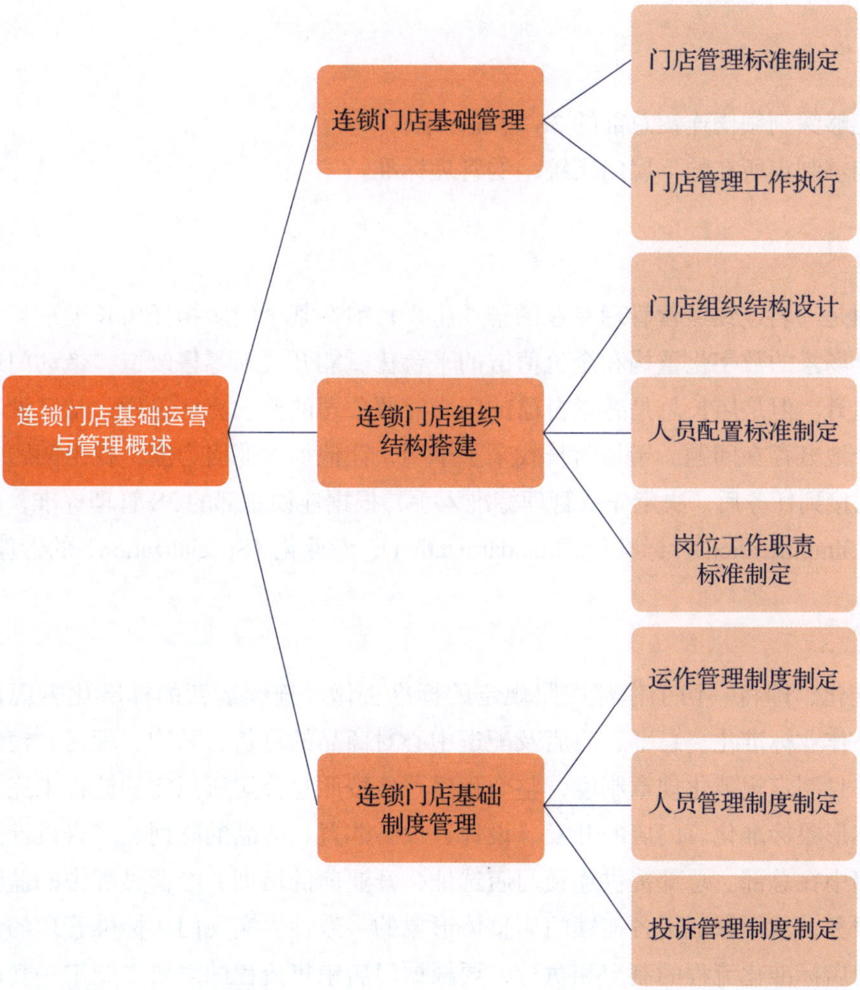

工作任务一 1 连锁门店基础管理

训练任务 1-1 门店管理标准制定

任务目标

1. 能够深刻领悟连锁总部的 3S 管理标准；
2. 能够制定所在的下属门店统一的管理标准。

任务背景

李明是一名连锁经营管理专业的毕业生，目前在某个门店担任店长助理。公司近年来通过全场景的数字化重构和全价值链的平台化赋能开展新零售改造，带动门店业绩取得明显提升。但是店长总是感觉自己的门店对照公司的要求有些走样，却又说不清楚具体是哪个地方存在问题。于是店长找来了李明，让他加大巡店力度，找出问题并尝试解决。李明接到任务后，决定先从管理标准入手，根据连锁总部的 3S 管理标准，制定门店简单化（Simplification）、标准化（Standardization）、专业化（Specialization）的管理标准。

任务分析

标准化，即将一切工作都按照规定的标准去做。连锁经营的标准化表现在两个方面：一是作业标准化。总部、门店及配送中心对商品的订货、采购、配送、销售等各司其职，并且制定规范化规章制度，整个程序严格按照总公司所拟定的流程来完成。二是企业整体形象标准化。门店的开发、设计、设备购置、商品的陈列、广告设计、技术管理等都集中在总部。总部提供连锁门店选址、开业前的培训、经营过程中的监督指导和交流等服务，从而保证了各连锁门店整体形象的一致性。实现门店标准管理的最有效的途径是门店标准化流程的制定和执行，要根据门店销售流程的需要，制定一套门店标准化的管理和销售流程，并严格执行标准化的流程。

任务操作

一、环境管理标准制定

门店从内至外的各类设备设施、装饰物、货柜、商品、物料、辅料等应齐备完好、干净整洁、明亮美观；应当符合总部基于视觉、功能、安全、便捷等基本要求。

1. 外观环境管理

（1）外部卫生管理，保持店头、店招、橱窗以及店面外部区域的清洁、卫生；

（2）停车场的车辆进出、停放井然有序；

（3）排除门店进出口的障碍物，方便顾客进出；

（4）利用布景、道具、橱窗等，宣传门店的商品，提升顾客的进店率；

（5）合理使用外部照明设备和工具，渲染气氛，烘托环境，增加门店美观度。

2. 内部环境管理

（1）设置理想的门店入口，方便顾客进店；

（2）科学设计卖场通道，使入店时间和空间得到最有效的利用；

（3）规划门店与仓库的补给线路，力求做到线路最短、补给最方便；

（4）合理进行商品布局，按消费需求灵活配置商品布局比例，根据顾客的购买心理科学规划商品位置，运用磁石理论最大限度地吸引顾客，促进购买、提高效益。

（5）保持门店内部环境的清洁、整齐、卫生。

请根据自己所在门店（或实训、参观门店），对照表 1-1 的检查项目发现问题并描述，根据问题提出有针对性的解决措施。

表 1-1 门店环境自查表

序号	检查项目	存在问题	解决措施
1	外部卫生管理，保持店头、店招、橱窗以及店面外部区域的清洁、卫生		
2	停车场的车辆进出、停放井然有序		
3	排除门店进出口的障碍物，方便顾客进出		
4	利用布景、道具、橱窗等，宣传门店的商品，提升顾客的进店率		
5	合理使用外部照明设备和工具，渲染气氛，烘托环境，增加门店美观度		
6	设置理想的门店入口，方便顾客进店		
7	科学设计卖场通道，使入店时间和空间得到最有效的利用		
8	规划门店与仓库的补给线路，力求做到线路最短、补给最方便		
9	合理进行商品布局，按消费需求灵活配置商品布局比例，根据顾客的购买心理科学规划商品位置，运用磁石理论最大限度地吸引顾客，促进购买，提高效益		
10	保持门店内部环境的清洁、整齐、卫生		

二、员工管理标准制定

1. 出勤状况

门店根据自身的业态特点（如超市、便利店、餐饮店等），经济、合理地配置好各作业部门工作人员，安排好出勤人数、休假人数和排班表，并严格考核员工的出勤情况。

2. 服务质量

门店加强员工服务水准的管理和控制，根据员工手册的要求经常督促员工时刻注意保持良好的服饰仪容，对顾客使用礼貌用语和采取友善的应对态度，认真分析研究顾客的建议，及时妥善处理顾客的投诉，以真诚的心留住顾客的脚步，防止顾客因对门店的答复和处理结果不满而不再登门的现象发生。

3. 工作效率

连锁门店通过科学安排员工作业进程表，合理调度员工，充分发挥员工专长，以提高工作效率。此外，门店也可以尝试让员工在不同岗位上轮流工作，采取柔性工作时间，即允许员工在一定范围内自己选择上班时间或在不同工作时段分别在不同的岗位工作，以提高门店的工作效率。表 1－2 为门店员工管理自查表。

表 1－2　门店员工管理自查表

序号	“二十个”不得	是否存在该类行为	如何杜绝
1	不得在门店聚集聊天、串岗、脱岗		
2	不得看书、看报，玩手机，干私事		
3	不得在货架、柜台内存放私人物品		
4	不得嬉戏打闹、大声喧哗		
5	不得在工作时间购物，不可预留商品		
6	不得与顾客、同事和其他人员争吵、打架		
7	不得在门店经营区域内休息、睡觉		
8	不得在工作时间饮酒		
9	不得在特定区域以外吸烟		
10	不得违背上级合理指示和要求		
11	不得私自换班（直属上级同意除外）		
12	不得在门店乱丢垃圾、随地吐痰		
13	不得影响他人正常工作		
14	不得私自取用门店商品		
15	不得携带非法物品或危险物品进入门店		
16	不得假公济私或将门店财产据为己有		
17	不得向顾客或厂家索取或接受礼品、小费		
18	不得为他人代打考勤卡、捏造不实工作记录		
19	不得向他人泄露门店机密		
20	不得损害门店名誉、财产与利益		

三、商品管理标准的制定

1. 商品质量管控

商品质量是连锁企业生存的基础，也是维护消费者利益的重要保障。引进商品时，应根据《中华人民共和国食品安全法》和《食用农产品市场销售监督管理办法》对商品进行检查、审核和检测，符合要求后方可进行生产经营活动。

2. 商品销售管理

商品销售应当符合《零售商促销行为管理办法》《中华人民共和国广告法》等相关法律法规规定。所售商品价格的制定，应执行《中华人民共和国价格法》等相关法律法规规定。根据《中华人民共和国消费者权益保护法》建立退换货制度，提供退换货服务。

3. 商品订货管理

门店应根据以往销售情况和年度销售计划，对市场做出准确预测，提出每月的商品订货计划，报总部统一组织货源。定期按时向总部提交订货计划，以保证门店商品配送的及时性和准确性。

4. 商品陈列管理

门店基本陈列环境应根据商品的属性、售卖的要求对湿度、温度、灯光等制定要求。根据不同的环境要求和陈列设计，采购和摆放不同的陈列设施设备，以保证陈列的要求可以实现。门店应遵循陈列的基本原则和方法，通过有效陈列管理促进门店业绩的提高。

商品管理自查表见表 1－3。

表 1－3 商品管理自查表

序号	检查项目	存在问题	解决措施
1	商品质量管控		
2	商品销售管理		
3	商品订货管理		
4	商品陈列管理		

四、信息管理标准制定

为了实现营运管理的全数字化协同管理，需要将收银系统、门店监控设备、云计算平台、智能生产设备、进销存管理系统等进行全面对接。

1. 基础管理模块

可以完成门店日常事务，如审批功能、报表功能、日常工作交流与沟通、财务报销以及门店信息管理等工作内容。

2. 日常管理模块

满足门店日常管理监督和实施行为的数字化落地需求，如全景评价管理、多维度任务管理、线上线下结合的培训考核、员工管理、会员管理、商品管理和营销管理等。

3. 评估管理模块

针对所有管理维度的目标化、数据化管理模块，建立营运数字化与绩效的转化，实现底薪、绩效、提成、奖金及其他薪资的关联设计，实现实时反馈机制。

4. 数据诊断模块

针对人员技巧技能、知识水平、业务能力、领导力、晋升要素的数据收集，实现对人的综合要求的评估；通过对培训体系、转型效果、闭环设置、循环效率等环节的数据采集，为门店内部诊断提供依据。

据上请补充表 1－4。

表 1－4　信息管理自查表

序号	检查项目	存在问题	解决措施
1	基础管理模块		
2	日常管理模块		
3	评估管理模块		
4	数据诊断模块		

五、顾客管理

1. 了解顾客来源

门店要认真分析本门店商圈内顾客的户数、人数、职业、家庭规模和结构、收入水平、性别、年龄和消费爱好等因素，这些因素的明确为门店给顾客提供满意的商品和服务方面奠定了坚实的基础。

2. 了解顾客需求

门店应了解顾客的服务需求，根据顾客需求设置服务项目，并运用各种措施实施服务项目，以提高顾客的满意度。

3. 建立顾客档案

顾客档案的建立可以帮助门店掌握顾客的重要资料，进而与顾客保持长久的友好关系。

4. 妥善处理顾客投诉和意见

妥善处理好顾客的投诉和意见是门店保持与顾客良好关系的重要环节。请寻找一位顾客，完成表 1－5 中的顾客资料档案。

表 1－5　某门店顾客资料档案

顾客编码：________

一、基本资料			
姓名		性别	□男　□女
联系电话		家庭住址	
年龄	□20 岁以下　□20～30 岁　□30～40 岁　□40～50 岁 □50～60 岁　□60 岁以上		

续表

职业	□ 家庭妇女 □ 上班族 □ 个体经营者 □ 离退休者 □ 学生 □ 其他
教育程度	□ 高中以下程度 □ 高中 / 中专 □ 大学 / 专科 □ 研究生以上
家庭人口	□ 两人以下 □两人 □ 三人 □ 三人以上
家庭月均收入	□ 2 000 元以下 □ 2 000 ～ 4 000 元 □ 4 000 ～ 6 000 元 □ 6 000 ～ 8 000 元 □ 8 000 ～ 10 000 元 □ 10 000 元以上
二、消费档案	
1. 您的家庭每月平均消费： □ 1 000 元以下 □ 1 000 ～ 3 000 元 □ 3 000 ～ 5 000 元 □ 5 000 元以上	
2. 您的家庭每月消费主要用于： □ 休闲 / 娱乐 □ 医疗 / 保健 □ 文化教育 □ 旅游、度假 □ 偿还贷款 □ 购买日常用品 □ 其他	
3. 您的家庭每月购买日常用品占月均消费总额的比率为： □ 10% 以下 □ 10% ～ 20% □ 20% ～ 30% □ 30% ～ 40% □ 40% 以上	
4. 您每月（每周）来本店几次？每周____次 / 每月____次 您每月（每周）线上下单几次？每周____次 / 每月____次	
5. 您在本店（含线上下单）每次消费： □ 50 元以下 □ 50 ～ 100 元 □ 100 ～ 200 元 □ 200 元以上	
6. 您一般在本店购买什么商品？ □ 速食品 / 便当 □ 冷冻、冷藏食品 □ 休闲零食 □ 新鲜蔬果 □ 家居用品 □ 日杂品 □ 烟、酒 □ 海鲜鱼类 □ 其他便利性服务	
7. 您一般在什么时间到本店购物或线上下单？ □ 9:00 以前 □ 9:00 ～ 12:00 □ 12:00 ～ 14:00 □ 14:00 ～ 17:00 □ 17:00 ～ 19:00 □ 19:00 ～ 21:00 □ 21:00 以后	
8. 您在购物时最重视的是： □ 便利性 □ 服务质量 □ 商品价格 □ 商品质量 □ 购物环境	
三、反馈意见	
1. 您认为本店商品的价格： □ 便宜 □ 适中 □ 太贵	
2. 您认为本店商品的品种： □ 丰富 □ 一般 □ 太少	
3. 您认为本店商品的质量： □ 好 □ 一般 □ 不好	
4. 您认为本店速食品、便当： □ 卫生 □ 一般 □ 不卫生	
5. 您在本店是否能购买到您需要的东西？ □ 可以 □ 有时可以 □ 不能买到	
6. 您认为本店的购物环境： □ 干净、舒适 □ 一般 □ 黯淡、杂乱	
7. 您认为本店商品陈列是否方便您的购物？ □ 方便 □ 基本方便 □ 不方便	
8. 您认为本店的员工： □ 友好、有亲切感 □ 一般 □ 态度恶劣	
9. 您认为本店员工对商品的介绍： □ 详细 □ 一般 □ 简单	
10. 您在本店结账等候时间： □ 短 □ 一般 □ 长	

续表

11. 您对本店的售后服务满意吗？ □ 满意 □ 基本满意 □ 不满意
12. 您认为本店的配套服务设施： □ 齐全 □ 一般 □ 不全
13. 您认为本店的优惠促销活动： □ 新颖、有吸引力 □ 一般 □ 陈旧、无吸引力
14. 本店是否是值得您信赖的商店？ □ 是的 □ 基本是 □ 不是
15. 您是否愿意将本店推荐给您的同事、朋友？ □ 非常愿意 □ 考虑之中 □ 不愿意
16. 您希望本店增加什么服务设施？
17. 您希望本店增加什么商品？
18. 您对本店最不满意的是：
19. 您认为本店与周边其他门店相比，不足之处在哪？
20. 您的建议是：
谢谢您的真诚合作，我们将一如既往地为您提供最完善的服务！

任务思考

在新零售连锁门店快速扩张的过程中，3S 管理标准运营是不可回避的问题。在连锁门店的 3S 管理中，可以使用哪些新技术、新模式？

训练任务 1-2 门店管理工作执行

任务目标

1. 能深刻领会连锁总部所提出的管理要求；
2. 能够将连锁体系的要求在门店执行到位。

任务背景

近期，门店通过李明的“3S”管理标准的改造，员工的标准意识和质量意识都有了很大的提升，精神面貌和工作状态也都焕然一新。不过李明对此并不满足，认为门店业绩和管理还有很大的潜力可以挖掘。于是，李明决定和店长商量一下如何加强执行力，完善门店运营管理工作。店长看到李明这位年轻人的工作活力和热情，决定让他尽情地发挥才能，改善门店的管理工作。

任务分析

连锁经营的实质就是统一性。连锁经营是把独立的、分散的门店联合起来，形成覆盖面很广的大规模销售体系。这主要表现在 4 个方面的“统一”：企业识别系统及商标的统一、商品和服务的统一、经营管理的统一、经营理念的统一。在此前提下形成专业管理及集中规划的经营组织网络，利用协同效应的原理，使企业资金周转加快、议价能力加强、物流综合配套，从而取得规模效益，形成较强的市场竞争能力。

任务操作

一、企业识别系统及商标运用

企业识别系统，是指连锁企业直观展现给公众的形象，包括门店的招牌、标志、商标、标准色、标准字、装潢、外观、卖场布局、商品陈列、包装材料、员工服装、识别卡等。这种统一设计的识别系统不仅有利于消费者识别，更有利于消费者认同，且对企业产生深刻印象。仅有外在形象统一是远远不够的，还必须有内在的统一。总部需要制定门店的形象标准和评分方法，并对门店的形象进行检查评分，加强门店店容店貌的管理。门店不得擅自更换企业识别系统和商标，否则将被总部予以处罚。

请在表 1－6 中描述你所见过的某个连锁品牌的企业识别系统的应用场景。

表 1－6　企业识别系统应用场景

序号	类别	标　识	应用场景描述
1	办公用品	信封、信纸、便笺、名片、徽章、工作证、文件夹、备忘录、资料袋、公文表格等	
2	外部建筑环境	建筑外立面造型、旗帜、门面、招牌、公共标识牌、路标指示牌、广告塔、霓虹灯广告等	
3	内部建筑环境	部门标识牌、常用标识牌、楼层标识牌、企业形象牌、旗帜、广告牌、POP 广告、货架标牌等	
4	交通工具	轿车、面包车、大巴士、货车、工具车等	
5	服装服饰	制服、文化衫、领带、工作帽、纽扣、肩章、胸卡等	
6	广告媒体	电视广告、杂志广告、报纸广告、网络广告、路牌广告、招贴广告等	
7	产品包装	纸盒包装、纸袋包装、木箱包装、玻璃容器包装、塑料袋包装、金属包装、包装纸等	
8	公务礼品	T 恤衫、领带、领带夹、打火机、钥匙牌、雨伞、纪念章、礼品袋等	
9	陈列展示	橱窗展示、展览展示、货架展示、陈列展示等	
10	印刷品	企业简介、商品说明书、产品简介、年历等	

二、商品和服务的管理执行

1. 商品管理

商品是企业经营的根本，商品管理的宗旨是确保每件商品保持在最良好的状态，以备顾客挑选。以百果园为例，百果园提出了“四级两类三规格”果品标准体系：招牌、A 级、B 级、C 级四个等级；稀有、非稀有两个类别；大、中、小三个规格。招牌、A

级、B 级、C 级指的是同一类水果内在品质的不同所分出的级别差异。规格，这里单纯从体积大小的维度划分。“四度一味一安全”：“四度”指糖酸度、爽脆度、细嫩度、新鲜度；“一味”指果香味；“一安全”指食品安全。通过果品标准体系，把不标准的水果标准化了，就是让消费者消费得明明白白，实现销售与消费的心理认同。

试分析百果园的果品标准体系给门店的运营管理带来了哪些好处。

2. 服务管理

服务被称为决胜终端的根本。现场服务管理是连锁企业门店的一项重要内容。现场服务管理包括营业员、收银员、理货员及其他服务人员的仪容仪表、服务用语、言谈举止等。此项管理工作直接关系到连锁企业的形象和社会声誉。

试分析，你所在的门店或者你所了解的某个门店在服务上存在哪些方面的问题。

三、经营管理标准执行

1. 人员管理

门店中员工的知识和技能、对品牌的认识、产品知识的掌握程度、销售技巧及处理顾客投诉等诸多方面，都直接影响到门店销售情况。

2. 销售管理

门店的最终目的是能有一个较好的销售业绩，从人员管理到商品陈列都是为了销售做准备。销售业务的开展，除平时的正常销售外，还可以利用促销活动来提升销售业绩。这就涉及促销活动的目的和促销准备等工作。

3. 店面管理

做好店面管理，为顾客提供一个舒适、明快的购物环境，不仅能吸引顾客乐意光临本店，同时也能使工作人员保持良好的心情，更大程度地发挥积极性、创造性。店面管理主要体现在卖场环境和商品陈列两方面。卖场环境，如保持店面的清洁卫生，商品、设备的摆放井然有序；广告画、宣传海报的及时展示；在店内播放适当的音乐，吸引顾客并营造销售气氛等。良好的陈列效果有助于提高店铺的形象，增加门店销售量及给顾客留下良好的印象。陈列时应根据门店的实际情况，选用最符合本店特征的陈列原则，方面顾客找到商品，刺激销售。

根据所学知识，对所在门店或所了解门店的商品品类进行角色定位，并填于表 1－7 中。

表 1－7　品类角色定位

序号	分类方法	品类角色	品类举例
1	零售商导向的品类角色定位	旗舰品类	
2		提款机品类	
3		维持观望品类	
4		吸引客流品类	
5		受压潜力品类	
6		待救伤残品类	
7	顾客导向的品类角色定位	主要品类	
8		差异品类	
9		必备品类	
10		补充品类	
11	跨品类分析的品类角色定位	目标性品类	
12		常规性品类	
13		季节性 / 偶然性品类	
14		便利性品类	

四、经营理念贯彻执行

经营理念是管理者追求企业绩效的根据，是顾客、竞争者以及员工价值观与正确经营行为的确认。在经营理念的基础上，形成企业基本设想与科技优势、发展方向、共同信念和企业追求的经营目标。经营理念决定企业的经营方向，和使命与愿景一样是企业发展的基石，因此，在门店管理过程中，需要一以贯之的坚持与执行，并在出现偏差时及时纠正。

胖东来的经营理念是：顾客满意，丰富的商品、合理的价格、温馨的环境、周到的服务。让顾客满意，是我们工作的底线和基础，我们不是为了商业利益去经营，而是传播先进的文化理念！一切都围绕着顾客的利益和幸福去做，让顾客开心而来，满意而归，不辜负顾客对我们的信任！

对于胖东来的经营理念，你认为有哪些值得学习和借鉴的地方？

任务思考

企业识别系统及商标、商品和服务、经营管理、经营理念，让连锁门店达到了“形与神”的统一。请思考，这4个层面的统一具备怎样的逻辑关系，其重点、难点是什么？

工作任务二 2 连锁门店组织结构搭建

训练任务 2-1 门店组织结构设计

任务目标

1. 能够清晰区分总部和门店的区别；
2. 能够设计门店的组织结构。

任务背景

为了提高管理效率，公司推行门店流程的精细化管理，要求每个店长都要根据门店的实际情况设计门店的组织结构，并梳理清楚每个岗位的岗位职责和工作流程。李明深知公司开展的这项改革对提高门店管理效率意义重大，如果真的推行下来，就可以避免门店中有些工作抢着干、有些工作没人干的情况。对此李明专门学习公司下达的详细要求和具体细节，并向自己毕业学校的连锁经营与管理专业老师打电话请教如何设计组织结构和人员配备。如果你是这位大学老师，你将会如何指导李明？

任务分析

组织结构设计是通过对达成目标而必须完成的事务工作进行分析分解并设置承担事务工作相对独立的单位、部门和岗位，进而以此为基础界定成员相互之间关系的性质以及成员的地位和作用。管理中之所以会出现 $1+1>2$ 或者 $1+1<2$ 的现象，根本原因就在于组织结构的不同要素组合在一起的方式不同，从而造成了要素间配合和协同团队之间的差异。

任务操作

一、设计直线型组织结构

连锁门店的员工通常情况下可以分为管理人员和普通员工两大类，其中管理人员的岗位数量要明显少于普通员工。根据门店规模大小和经营性质的不同，其岗位、人员设置的数量和层级也不一样，一般情况下新零售门店和小型门店的岗位设置比较简单。直线型组织结构（见图 1－1）的优点是下属员工只接受一个上级的指令，结构简单，责任分明，命令统一；缺点是要求店长通晓多种知识和技能，亲自处理各种业务，对店长个人能力要求比较高。

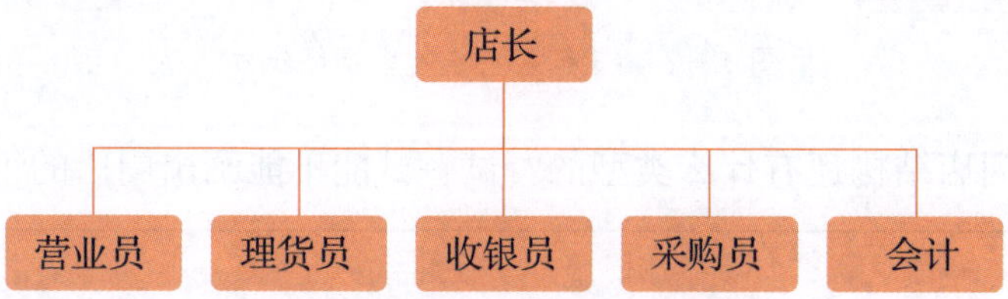

图 1－1　门店直线型组织结构

当连锁门店规模不断增加而导致管理事务增多时，一些专业职能可以由专业助手来承担，如财务职能由专业财务人员承担，采购职能由专业采购人员承担，但不设置专门的职能部门。你所见过的小型门店结构还有什么类型的？试一试能不能画出门店的组织结构图。

二、设计直线职能型组织结构

直线职能型组织结构（见图 1－2）既有按职能划分的垂直领导系统，又有按部门划分的横向领导关系的结构。可以把营运部门看成产品部门，而采购、物流、仓储等部门均可看做职能部门。直线职能型组织结构的优点是机动灵活而且目的明确，团队成员各有所长，有助于促进项目实现，加强不同部门之间的配合和信息交流。

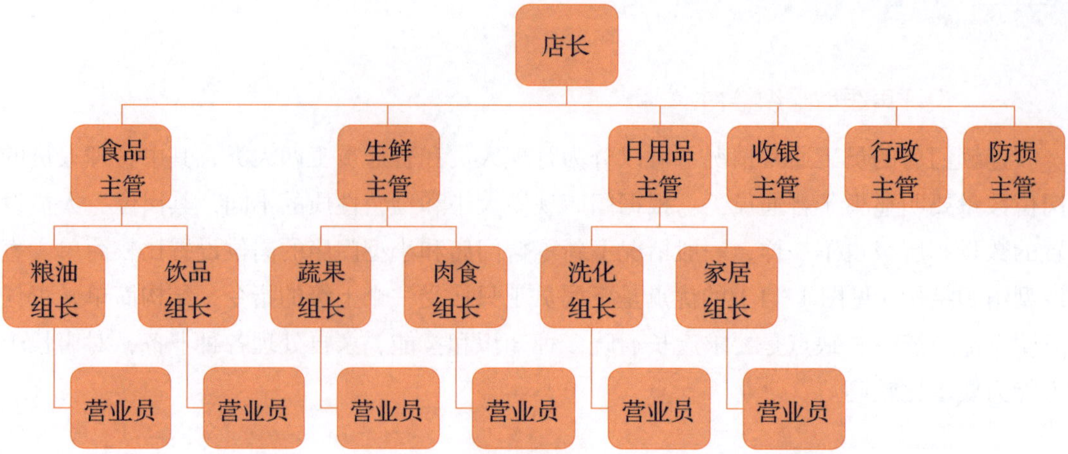

图 1－2　门店直线职能型组织结构

你所知道的门店结构还有什么类型的？试一试能不能画出门店的组织结构图。

三、设计新零售门店组织结构

新零售门店往往采用“大平台＋小前端”模式，把门店员工变成企业合伙人、主体经营者。合伙人团队运营相互独立、单独结算；合伙人团队自行决定成员分红、薪酬标准和招募人员，所产生的费用也由各团队承担；合伙人制度的落实，大大激发了员工的积极性。以永辉为例，门店与各个可以独立核算的经营单位依据历史数据和对未来销售的预测制定一个业绩目标，如果合伙人的经营业绩超过了设立的目标，增量部分的利润按照一定比例在合伙人之间进行分配。门店划分成一个个区域，生鲜区、食品区、烟酒区、家电区等，然后再把每个区域进一步划分成一个个小柜台。每个柜台 1 个理货员，接下来公司每个月只发放基本工资，把每个员工都变成一个个小柜台的合伙人，奖金从自己负责的柜台的利润中产生，形成了永辉特有的经营模式。这种合伙人的机制进一步激发了基层员工的积极性，极大地提高了超市的利润。永辉门店合伙人组织结构见图 1－3。

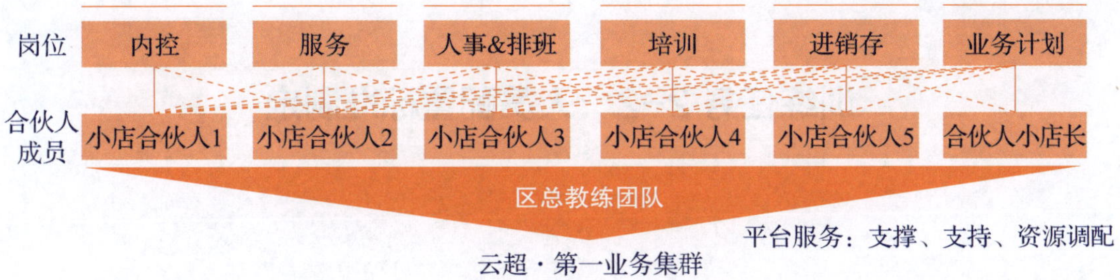

图1－3 永辉门店合伙人组织结构

你所知道的新零售其他业态的门店结构还有什么类型的？试一试能不能画出门店的组织结构图。

任务思考

时代在变，市场环境在变，门店所扮演的角色和应用场景也在变，在门店数字化转型的大背景下，收银员在大幅减少，具有前置仓功能的门店开始有了电商业务。直播还是社群团购？每家公司都会有不同的选择，你能否畅想一下，在线上线下一体化的变化中，门店的组织结构将来会有怎样的变化趋势和特征？

训练任务 2-2　人员配置标准制定

任务目标

1. 能够详细分析不同岗位的工作量；
2. 能够基于工作需要进行人员配备。

任务背景

今年上半年来，李明所在的社区店完成了数字化升级改造，将到店顾客数据化，形成有价值的与顾客持续沟通的场景，从平效、人效、商品结构优化、顾客复购等方面赋能实体门店，实现了从顾客、物流到支付等环节的全链条数字化，提升了顾客的购物体验和经营效率。深层次的新零售改造，效果立竿见影。改造半年多的门店，服务半径从原先的门店周边 1 公里扩张到了 3 公里，客流量提升了近 20%，覆盖周边线上用户近 20 万。生意持续火爆，门店现有的员工整天忙得不可开交，于是李明向总部提出了门店增加人手的报告。总部回复，门店的人员数量应该是多少？每个人的工作量如何？门店是否按照总部的标准进行人员配置？李明看到总部的回复，不禁陷入了沉思：人员配置是一份非常严谨的工作，必须按照总部的要求制定门店人员配置标准，核定人员数量，实现定员定岗，发挥人员效率，接下来他必须做一下人员大盘点了。

任务分析

人员配置是指门店根据总部的具体要求和门店的组织结构，科学合理地为每个岗位安排相应数量的员工，以合适的员工去完成组织结构中各个职位规定的具体任务，从而保证门店的经营目标和各项任务的完成。人员配置是门店有效运转的保证，也是门店成本的主要影响因素。保持门店的运营需求和有限的人员供给之间的平衡是门店人员配置的最大挑战。人员配置不适当不仅会影响门店运营，还会影响门店的生存发展，因此人员配置无疑是关键的问题。

任务操作

一、根据店面经营情况配置人员

一个门店需要多少人员配置，要根据店面面积大小、品类多少、经营货物的性质、门店的档次等合理安排，避免盲目录用员工，造成人力资源的浪费及机构臃肿的现象发生。以药店为例，药品零售门店应当至少配备 1 名注册执业药师、1 名从业药师或药师，并根据门店营业面积，按照表 1－8 的标准要求调整相关人员配置。

表 1－8 根据营业面积配置人员

营业面积	注册执业药师（不少于）	药师（不少于）	其他人员（不少于）
40～$100m^2$（含 100）	1 人	1 人	—
100～$250m^2$（含 250）	1 人	3 人	4 人
250～$500m^2$（含 500）	2 人	4 人	6 人
500～$750m^2$（含 750）	3 人	5 人	8 人
750～1 $000m^2$（含 1 000）	4 人	6 人	10 人

一般情况下，对于零售超市，120～$400m^2$ 门店，每 $100m^2$ 配一个员工；400～2 $500m^2$ 的门店，每 $36m^2$ 配备一个员工；2 $500m^2$ 以上的门店，每 $28m^2$ 配备一个员工。而对于餐厅而言，则根据安排桌椅的数量及用餐速度来合理分派员工。请按照上述思路，仔细分析李明所在门店应该配置多少员工，填写表 1－9。

表 1－9 基于营业面积的人员配置计算

岗位	配置标准	配置人数	备注
店长	1 人	1 人	—
副店长			
营业科长			
收银员			
理货员			
防损员			
……			

二、根据工作量配置人员

作为店长，首先确定各部门内必要的工作，将这些必要的工作分配到各个部门的员工，然后记录担任者一个月工作所需要的总时间，从而计算出此业务需要多少人。一般平均每人管理的货架为 5 组；平均每人管理的单品数为 150 个；每 8 米排面安排的促销员不能超过 4 个；每 1 台收银机应配备 1.3 个收银员。例如，某门店一天的客流量为 1 000 人，购买商品的客户为 30%，1 名收银员 1 天可以接待 100 名顾客，那么该门店需要设置 3 个收银员岗位。再如，有两家快餐店，面积一样，经营品种一样。但是甲快餐店同时经营外卖业务，而乙快餐店不经营外卖业务，只经营来店就餐。则两家店的人员需求也不一样。

比较流行的奶茶门店人员配置会分前台和后台两个区域，分别配备 3 名和 2 名员工，前台制作区域呈 U 字形，员工分工包括下单、制作和出杯 3 个环节，制作员工负责每杯饮品从贴标、添加主配料到封口的全部流程。如果营业时间长，需要轮班的话，人员配备还要加倍。请按照上述思路，仔细分析李明所在门店应该配置多少员工，填写表 1－10。

表 1－10　基于工作量的人员配置计算

岗位	配置标准	配置人数	备注
店长	1 人	1 人	—
副店长			
营业科长			
收银员			
理货员			
防损员			
……			

三、根据销售指标配置人员

门店根据总部确定的门店销售指标来估算需要的员工数目。计算公式如下：

（1）总员工数＝总目标销售额 ÷ 每人目标销售额

（2）总员工数＝总目标利润额 ÷ 每人目标利润额

而每人目标销售额和每人目标利润额的制定，需要根据以往店员的平均销售额，再增加相应的比例而确定。例如，某音像专卖店去年平均每人月销售额为 20 万元，今年人效产出计划提升 20%，可以算出今年该店的每人月目标销售额为 24 万元。今年如果门店月目标销售额是 240 万元的话，则需要 10 名员工。如果某个奶茶店预估业绩为 24 万元，按 30 天计算，则平均每天业绩 8 000 元。每个员工的每日每人贡献的销售额为 1 080 元。那么根据目标销售额和单日每人的销售额数据，则可以计算出该店约需要 7 人或者 8 人才能完成该销售额目标。请按照上述思路，仔细分析李明所在门店应该配置多少员工，填写表 1－11。

表 1－11　基于销售指标的人员配置计算

岗位	配置标准	配置人数	备注
店长	1 人	1 人	—
副店长			
营业科长			

续表

岗位	配置标准	配置人数	备注
收银员			
理货员			
防损员			
……			

四、根据岗位比例配置人员

一般情况下，门店的各岗位人员根据不同的业态进行配置。例如超市业态管理人员（含职能人员）占 20%；理货员占 50%；收银、客服人员占 20%；防损员占 10%。各个区域男女员工的搭配比例：食品为男 75%，女 25%；生鲜为男 50%，女 50%；家居为男 25%，女 75%；正式用工 85%，临时用工 15%；驻场促销员占正式员工的 1/3 左右。

对奶茶店而言，一般由店长、收银员、操作员等构成。店长设 1 人，可设 1 名副店长辅助处理奶茶店事务，收银员根据营业情况设 1 名或者 2 名，操作员设 2 人或者 3 人。

对餐厅而言，一般由店长、主管、领班、收银员、服务员和后厨等构成。具体来说，店长 1 名，主管 1 名，领班 1 名或 2 名，收银 1 名或 2 名，服务员 6 名，后厨 1 ～ 6 人。

请按照上述思路，仔细分析李明所在门店应该配置多少员工，填写表 1 - 12。

表 1 - 12　基于岗位比例的人员配置计算

岗位	配置标准	配置人数	备注
店长	1 人	1 人	—
副店长			
营业科长			
收银员			
理货员			
防损员			
……			

五、人员配置综合训练

安徽 ×× 连锁超市股份有限公司成立于 2000 年 6 月，注册资本金 1.8 亿元，资产规模 23.33 亿元。公司主营生鲜、食品、家居用品及自有品牌商品等零售业务，所属门店近 200 家，经营面积 55.4 万平方米，覆盖安徽省 10 个地市，员工人数 5 500 余人，提供就业岗位 1 万多个。公司拥有自建物流配送服务体系，物流园区占地约 100 亩，生鲜商品恒温库和低温库近千平方米。年销售总额连续 10 年名列中国快速消费品连锁 50 强，稳居安徽省超市零售行业首位。日前，公司总部决定在安徽合肥新开一家连锁分店，新店营业面积 900 平方米，主要经营百货、食杂水果、烟酒品种。预计日均顾客（购物）流量 2 000 人，日销售额 100 000 元，营业时间为上午 8 点至晚上 9 点。按面积每 36 平方米配 1 人；按销售额每人日销售额 1 330 元；收银员按每班接待购物顾客 100 人计算。

请尝试用不同的方法计算出该门店的人员配置情况。

任务思考

不同业态的门店对人员配置的需求是不一样的，但是对发挥人效的诉求却是一致的。在门店科学的人员配置的基础上，如何充分调动和发挥员工的工作积极性和创造性，提高人效？

训练任务 2-3　岗位工作职责标准制定

任务目标

1. 能够进行不同岗位的工作分析；
2. 能够制定不同岗位的职责标准。

任务背景

李明所在的门店因为生意火爆，经过总部核准，增加了部分人手。最近一段时间，李明又发现了管理中存在的一些问题。经常有主管等店长汇报工作，一些事情只要店长不在，谁都拿不了主意，只能联系店长。很多时候，店长想休息都休息不了，电话、微信也要回个不停，心力交瘁。往往一件小事情在店里都解决不了，只能通过同店长面谈或者远程的交流才能解决。店长分析后发现，大部分员工之所以不停地请示，是因为不清楚自己的工作职责，员工的权限经常出现重叠交叉的现象。店长决定着手解决这个问题。恰好总部正根据新零售的趋势修订门店的工作职责标准，于是店长就把制定门店工作职责标准的工作交给了李明。如果你是李明，你将如何开展工作呢？

任务分析

岗位是组织为完成某项任务而确立的，由工种、职务、职称和等级等的性质所组成，必须归属于一个人。岗位职责是指一个岗位所需要完成的工作内容以及应当承担的责任范围，岗位职责是一个具象化的工作描述，可将其归于不同职位类型范畴。职责是职务与责任的统一，由授权范围和相应的责任两部分组成。通过制定岗位职责标准，可以准确地描述职位现状；为职位评估提供准确信息；指出职位的长远目标，并作为个人目标设定与业绩考核的基础；为职位能力需要与开发提供有用的信息；为遴选适当的任职者提供要求。岗位职责可以最大限度地实现劳动用工的科学配置，有效地防止因职务重叠而发生的工作推沓现象，提高内部竞争活力，更好地发现和使用人才。

任务操作

一、进行工作分析

工作分析又称职务分析，是一种系统地收集与职位有关信息的过程，包括任职条件、工作职责、工作内容、工作条件、工作沟通等。工作分析的主要内容是6W1H，即：

- What，工作活动、工作结果、达到标准；
- Why，为什么要做该项工作，工作目的；
- Who，对人身体素质、知识技能、教育培训、经验、个性特征等相关的要求；
- Where，工作的地点在哪里、工作环境、社会环境；
- When，工作的时间期限；
- Whom，向谁请示，受谁监督，给谁提供信息或汇报；
- How，工作程序、工具要求等。

请基于上述思路，对理货员等岗位进行工作分析，并完成表1－13。

表1－13　理货员等岗位工作分析

岗位	What	Why	Who	Where	When	Whom	How
理货员							
……							
……							
……							

二、确定职位目的

根据组织的战略目标和部门的职能定位，确定职位目的。职位（设置）目的说明设立该职位的总体目标，即要精练地陈述出本岗位为什么存在，它对组织的特殊贡献是什么。

职位目的主要回答以下3个问题：

（1）这个职位为什么存在？

（2）这个职位在什么限制之下工作？

（3）它的长远目标是什么？

职位目的一般的编写格式为：工作依据＋工作内容（职位的核心职责）＋工作成果。举例来说，某公司计划财务部经理的职位总体目的可表述为：在国家相关政策和公司工作计划的指导下，组织制订公司财务政策计划和方案，带领本部门员工为各部门提供包括成本、销售、预算、税收等在内的全面财务服务，实现财务职能对公司业务经营的有效支持作用。店长的职位目的可以做如下描述：为了完成总部下达的门店年度经营目标，进而促进门店经营目标的达成，在总部的政策与制度的指导与支持下，在门店范围内分解总体经营管理，并下达落实到门店内各部门、柜组，组织、监督、指导各部门完成相关目标。

参照上述思路，完成营业科长的职位目的描述。

三、分解关键成果领域

通过对职位目的分解得到该职位的关键成果领域。关键成果领域，是指一个职位需要在哪几个方面取得成果来实现职位目的。一般会用鱼骨图作为工具对关键领域进行职位目的的分解，得到连锁门店相关职位的关键成果领域，见图 1－4。

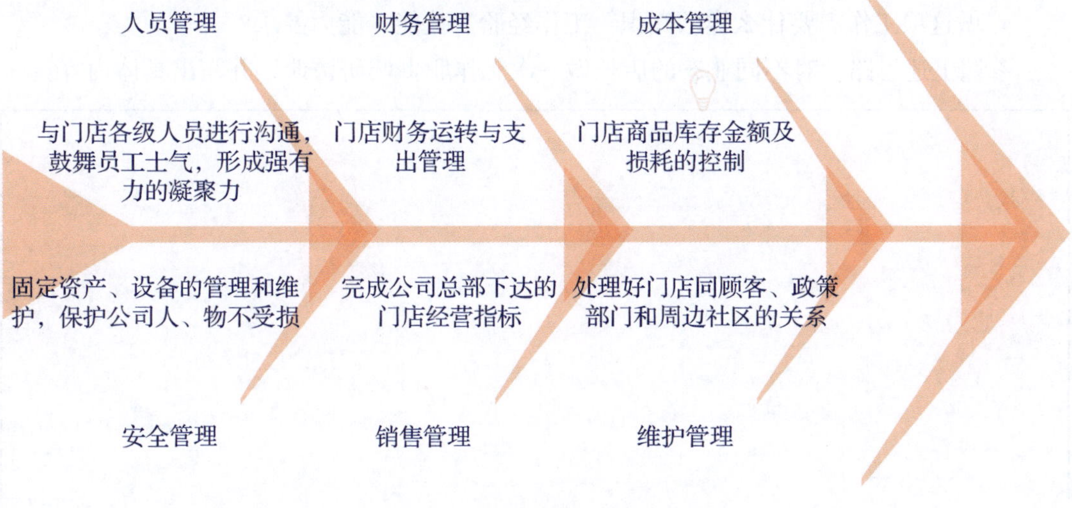

图 1－4　关键成果领域鱼骨图

参照上述思路，完成店长关键成果领域的分解。

四、确定职责目标

确定职责目标，即确定该职位在该关键成果领域中必须取得的成果。因为职责的描述是要说明任职者所负有的职责以及工作所要求的最终结果，因此，从成果导向出发，应该明确关键成果领域要达成的目标，并确保每项目标不能偏离职位的整体目标。为了明确工作职责，可以按照以下的访谈大纲进行梳理：

- 你所做的是一份什么样的工作？
- 你所在岗位的主要职责是什么？你是如何做的？
- 你所在岗位的主要任务是什么？哪些是临时性的，哪些是经常性的？
- 你所从事工作的基本职责是什么？说明你工作绩效的标准有哪些？
- 你都参与什么工作活动？你投入精力最大的活动是哪些？
- 你在工作中与公司内外部哪些岗位有联系？要与哪些人正式沟通？
- 做这项工作需要什么样的知识、工作经验、技能、能力要求？

参照上述思路，对不同业态的店长做一次工作职责调研访谈，并写出具体内容。

五、形成职责标准

职责目标表达了该职位职责的最终结果，那么本步骤就是要在确定职责目标的基础上来确定任职者到底要进行什么样的活动、承担什么样的职责才能达成这些目标。因为每一项职责都是业务流程落实到职位的一项或几项活动（任务），所以该职位在每项职责中承担的责任应根据流程而确定，也就是说，确定应负的职责项就是确定该职位在流程中所扮演的角色。在确定责任时，职位责任点应根据信息的流入和流出来确定。信息传至该职位，表示流程责任转移至该职位；经此职位加工后，信息传出，表示责任传至流程中的下一个职位。该原理体现了“基于流程”“明确责任”的特点。最终的岗位职责标准可以通过岗位说明书的形式来体现，见表 1-14。

表 1-14 门店店长岗位说明书

从事岗位	店长	有无兼职	无
上级岗位	运营总监	所在部门	门店
下级岗位	副店长、店助、部门主管		
晋升机制	营运部主管、经理；商品部主管、经理；区域督导；分公司经理等		
学历要求	本科及以上学历		
任职条件	在连锁行业从业 5 年以上、从事主管及相当岗位 3 年以上并有良好的记录和业绩，熟悉本行业或相关行业，有较强的事业心、进取心、敬业精神和团队组织的协调能力		

序号	具体工作	占用时间
1	依据总部下达的年度经营计划，组织实施各项决议、工作计划及实施细则，包括业务经营、市场开发、人力资源管理、企业管理、财务管理等方面的工作计划，对工作进行控制管理	35%
2	负责监督所辖区域、门店的营运行为与营运活动是否符合公司总部要求的标准与规范，并及时提供帮助与指导，对违规或不利行为进行纠正或处罚。对所检查到的内容及信息进行汇总、分析，上报总部，督促所辖区域门店解决问题	20%
3	为顾客提供良好的服务，为顾客提供舒适安全的购物环境	10%
4	与门店各级人员进行沟通，鼓舞员工士气，形成强有力的凝聚力；完成店内经营指标；积极开展店内的各项培训工作，提高员工的服务质量	5%
5	门店商品库存金额及其损耗的控制；生鲜毛利的控制；商品陈列标准的规范执行及提高；商品品项的建议与调整	5%
6	对所辖区域进行市场调研，定期搜集市场信息、竞争信息等资料，对市场情况做出分析，及时与其他管理层进行沟通和反馈	5%
7	加强财务管理，搞好资金周转，合理使用资金，减少货物积压	5%
8	每周有员工例会制度并有会议记录，每月对店员当面打分并有绩效面谈	5%

续表

序号	具体工作				占用时间
9	重要单位的跟踪与回访。经常联系单位主要负责人，增进相互的信任感，了解其潜在的需求，使其成为长久的消费用户				5%
10	及时与其他部门进行沟通，提出需求与建议，处理突发事件，认真及时地解决用户的投诉				5%
考核要点	1. 总部的规章制度是否有效执行； 2. 门店氛围是否浓厚，是否独立处理门店事务； 3. 能否以身作则并能影响他人； 4. 是否妥善处理顾客投诉； 5. 对门店损耗控制是否合理，是否有效控制门店日常开支费用； 6. 是否能够根据门店实际情况合理控制人员调配等工作； 7. 门店陈列是否合理，活动执行及门店设备使用是否规范； 8. 能否准确有效掌握门店进、销、存、滞等情况； 9. 对门店设备道具使用维护是否合理； 10. 其他本职工作是否及时高效完成； 11. 在任职当月或当年有无重大过失。				
编制日期		审核日期		批准日期	

请根据以上流程完成以下岗位的职责标准，见表 1－15 至表 1－17。

表 1－15　门店副店长岗位说明书

从事岗位		有无兼职	
上级岗位		所在部门	
下级岗位			
晋升机制			
学历要求			
任职条件			
重要性	具体工作		占用时间
1			
2			
3			
4			
5			
6			
7			

续表

重要性	具体工作				占用时间
8					
9					
10					
考核要点					
编制日期		审核日期		批准日期	

表 1-16 生鲜主管岗位说明书

从事岗位		有无兼职	
上级岗位		所在部门	
下级岗位			
晋升机制			
学历要求			
任职条件			
重要性	具体工作		占用时间
1			
2			
3			
4			
5			
6			
7			

续表

重要性	具体工作				占用时间
8					
9					
10					
考核要点					
编制日期		审核日期		批准日期	

表 1－17　防损员岗位说明书

从事岗位		有无兼职	
上级岗位		所在部门	
下级岗位			
晋升机制			
学历要求			
任职条件			
重要性	具体工作		占用时间
1			
2			
3			
4			
5			
6			

续表

重要性	具体工作				占用时间
7					
8					
9					
10					
考核要点					
编制日期		审核日期		批准日期	

任务思考

随着经营环境和顾客需求的不断变化，总会涌现出新的工作和要求。当现有岗位的工作职责没有覆盖到新出现的工作任务时，你认为该如何安排才能做到“事事有人做，桩桩有着落”？

工作任务三 3 连锁门店基础制度管理

训练任务 3-1　运作管理制度制定

任务目标

能根据连锁总部基础制度，制定下属门店的物料、财务、品质、服务、环境等日常运作管理制度。

任务背景

经过一段时间的历练，李明在工作上已经能够独当一面了。公司现在正处于快速发展的快车道，急需有管理经验的干部去开辟新的市场。于是，李明被总部安排到一个新的门店担任店长职务。面对新门店新员工，李明决定联合门店管理层共同开展“制度先行工程”，制定门店的物料、财务、品质、服务、环境等日常运作管理制度，为门店的持续稳定发展打下基础。门店管理层一致同意该想法，并且立即着手实施。

任务分析

连锁门店基础管理内容非常繁杂，大部分是重复的例行性事务，归纳起来主要有门店物料管理、服务管理、品质管理、财务管理和环境管理等方面，在实际管理过程中，要根据连锁总部的基础制度，因地制宜地制定出门店管理手册，做到制度管人、流程管事。

任务操作

一、制定门店物料管理制度

1. 进货管理

门店的进货管理须结合门店的销售、库存、促销及相关各环节的营运与管理情况，因此包括订货、进货、收货、退换货及调拨等内容。门店订货是门店依据订货计划向总部配送中心或总部指定的厂商及自行采购单位进行订货的活动。门店进货是指门店实施向总部订货或自行向由总部统一规定的供货商订货，并对所订商品到店开展验收及门店商品退换、调拨作业业务流程的总称。请在表 1－18 中填写订货时需考虑的因素。

表 1－18　门店订货时需考虑的因素

影响因素	因素描述
销售因素	
库存因素	
促销因素	
变价因素	
节假日因素	
季节、气候因素	
仓储成本因素	
供货因素	

2. 销售管理

门店销售管理主要包括拟定销售目标、制订销售计划、掌握销售技巧、制定合理价格、监督商品销售等方面。要充分考虑成本、利润、竞争态势、市场定位、消费者心理、门店形象及经营策略等方面的因素。销售管理分析鱼骨图见图 1－5。

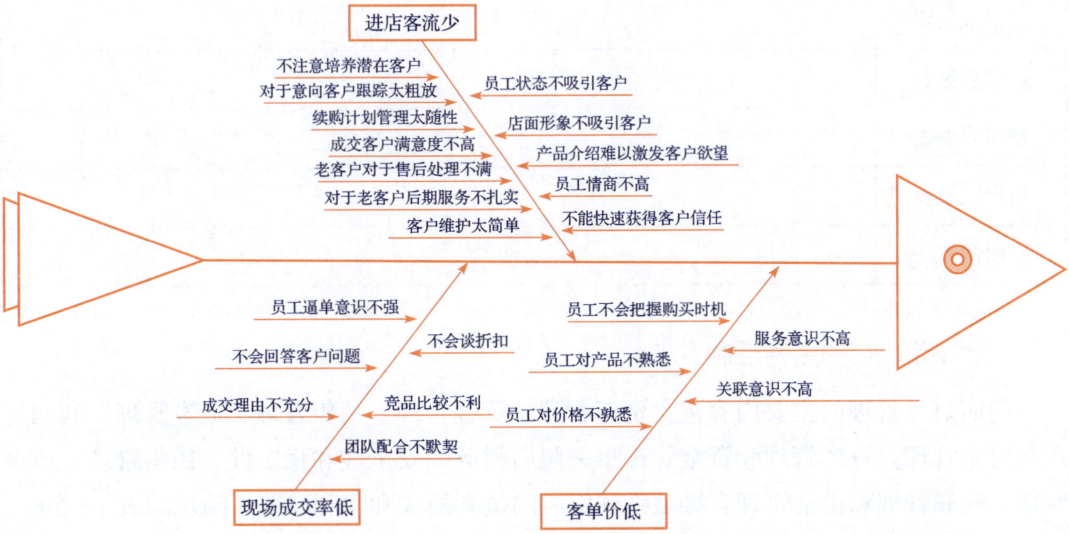

图 1－5　销售管理分析鱼骨图

请根据所在门店的月度销售目标完成情况进行分析，用鱼骨图进行呈现。

3. 存货管理

存货管理包括库存管理和报损管理。库存管理指门店商品储存空间的管理；报损管理主要是对门店日常商品管理和盘点过程中发现的问题商品进行处置。

4. 信息数据管理

做好信息数据管理是门店运营管理的基本要求之一。当前在数据为王的时代，谁能准确收集、分析和使用数据，谁的经营管理效果就会取得很大进步。请填写表 1－19。

表 1－19　门店信息数据管理的内容

内容要点	具体描述
营业日报表	
商品排行表	
促销效果表	
顾客意见表	
费用明细表	
盘点记录表	
损益表	

二、制定门店财务管理制度

门店财务管理的主要内容包含资产管理、资金管理、销售管理、成本管理、利润管理和税金管理。资产管理和资金管理事关门店财务的安全性和稳定性，销售管理、成本管理、利润管理和税金管理直接关系到门店的盈利模式和盈利状况。请填写表 1－20。

表 1-20 门店财务管理制度要点

管理项目	管理内容	管理原则	管理要点描述
资产管理			
资金管理			
销售管理			
成本管理			
利润管理			
税金管理			

三、制定门店服务管理制度

良好的服务不仅能给顾客留下好的印象，也能给门店带来良好的收益和稳固的顾客群体，同时优质的服务也是提高门店知名度和附加值的有效方法。服务管理的核心是服务质量，而服务质量从本质上讲是一种感知，是由顾客的服务期望与其接受的服务经历比较的结果。以此可知门店的服务管理主要是以提高顾客在门店消费过程中的感知为目标。按照峰终定律，门店服务管理重点在顾客的消费体验和结尾体验。顾客的消费感知的影响因素分为内部、外部因素，从门店内部的影响因素来看，主要加强消费过程的售前、售中和售后 3 个方面的服务管理。请填写表 1-21。

表 1-21 门店服务管理内容

消费过程	服务要素	服务要点	服务内容描述
售前服务	顾客管理	顾客来源	
		顾客需要	
		顾客档案	
	环境管理	货位布局	
		购物气氛	
		设施设备	
	商品管理	商品信息	
		商品配置	
		商品理货	
		商品陈列	
售中服务	营业管理	接待服务	
		整理商品	
		商品介绍	

续表

消费过程	服务要素	服务要点	服务内容描述
售中服务	收银服务	收银过程	
		商品入袋	
		差错处理	
	总台服务	接听电话	
		存取物品	
		赠品服务	
售后服务	退换货	退换流程	
	顾客投诉	投诉意见	

四、制定门店品质管理标准

门店的品质是顾客通过把门店经营的各个方面同他感受到的商品或服务所具有的品质联系起来后所得出的评价。门店的品质有一个产生、形成和实现的过程，这一过程是由一系列彼此联系、相互制约的经营活动所构成的，这些活动的大部分由连锁企业和门店所承担，但还有许多活动涉及外部的营商环境、供应商群体、顾客群体等。门店的品质管理就是将门店经营过程中各个环节的活动有机地结合起来，确保其品质目标的实现。目的是通过组织和流程，确保门店的商品和服务达到内外顾客的期望。要求是人人参与，执行标准。请填写表 1－22。

表 1－22　门店品质的管理要素

门店内品质要素	描述
功能性	
安全性	
可靠性	
美学性	
特殊性	
一致性	
售后服务	

五、连锁门店环境管理

门店的环境主要是指门店运营所需要的场所和空间，以及与其相配套的服务设备和附属场所。从整体上看，门店的环境分为外部环境和内部环境。外部环境包括商圈、店址选择、营业建筑及外观环境；内部环境主要包括门店的外观、橱窗设计以及门店内的经营环境等。经营环境是门店环境管理的重点。请填写表 1－23。

表 1－23 门店内部经营环境管理内容

管理要素	管理要点	具体内容描述
卫生环境	内部环境卫生	
	外部环境卫生	
安全环境	公共安全	
	内部安全	
	消防安全	
	商品安全	
门店氛围	环境氛围	
	促销氛围	
	场景氛围	
	门店布局	

任务思考

由于门店和门店之间存在着一定的差异，连锁总部基础制度并不能面面俱到。当总部的要求和门店的实际情况出现不匹配的情况时，作为店长，你将如何处理这种问题？

训练任务 3-2 人员管理制度制定

任务目标

1. 能够在总部制度的管控下实施门店的招聘及培训制度；
2. 能够在总部制度指导下实施薪酬与考核、晋升等管理制度。

任务背景

李明作为新任店长，员工的招聘、培训、薪酬与考核、晋升成为他现阶段急需解决的突出问题。面对零售行业人才的高流动率，要实现“招得来、留得住、发展好”的门店员工队伍建设目标，一套标准的人员管理制度是不可或缺的。于是，李明决定根据总部的管理制度，来制定门店的人员管理制度，并把这份工作交给了店长助理小王。

任务分析

连锁企业岗位工作差异大、要求较多，员工层次较多、人员流动性大，工作时间长，导致门店的人员管理难度大。连锁门店必须制定规范的人员管理制度来管理门店的人员招聘、培训、薪酬与考核、晋升等事务，并不折不扣地执行。同时要借助现代化的人事组织管理系统，实现管理的信息化、高效化、合理化，优化门店管理模式，增强竞争力。

任务操作

一、制定招聘管理规定

根据公开、公平、公正的原则，依据门店营运需求和业务发展计划在编制范围内进行人员招聘。实行回避原则，门店管理人员的亲属不能应聘本门店的岗位。

1. 提出门店招聘需求

根据工作需要和岗位说明书的具体要求，填写门店职位空缺申报表，见表 1－24。

表 1－24 门店职位空缺申报表

<table>
<tr><td>门店</td><td></td><td>申报日期</td><td>年 月 日</td><td>申报人</td><td></td></tr>
<tr><td>空缺职位名称</td><td></td><td>空缺人数</td><td colspan="3"></td></tr>
<tr><td colspan="2">所属区域（部门）、柜组</td><td colspan="4"></td></tr>
<tr><td>年龄要求</td><td></td><td>性别要求</td><td colspan="3"></td></tr>
<tr><td>工作职责</td><td></td><td>工作经验及技能要求</td><td colspan="3"></td></tr>
<tr><td colspan="2">人力资源主管意见</td><td colspan="4">店长意见</td></tr>
<tr><td colspan="2"></td><td colspan="4"></td></tr>
</table>

2. 制订招聘计划

（1）招聘岗位和人数。在门店编制范围内，参考实际需求确定招聘岗位和人数。

（2）时间安排。根据门店人员到位的时间要求，确定计划招聘时间和人员到位时间，其中应考虑面试时间、报到时间等因素。

（3）招聘渠道。门店招聘员工须根据实际需要选择以下招聘渠道：利用门店公示栏发布招聘信息；前往正规劳动职业介绍机构进行公开现场招聘或委托招聘；前往合作大中专院校进行招聘。

3. 实施招聘活动

（1）发布招聘信息。零星招聘原则上不在媒体发布招聘信息，可选择在门店公示栏或由劳动职业介绍机构按照统一格式发布招聘信息。

（2）收集 / 筛选资料。根据现场或者网络收集应聘者资料，并进行初步的筛选。

（3）测试。资料初选后，需至少提前一天通知应聘者进行测试，测试应聘者的文化素质、精神面貌和综合素养，试题和及格标准由连锁总部统一确定。对于已通过笔试的应聘者，如有需要还要组织进一步的面试。

4. 录用报到

录用结果报总部审批，一般在 3 个工作日完成，之后就可以报到入职。

现在，越来越多的连锁企业重视员工的招聘和培养工作，通过深度的校企合作的方式来解决员工不足的问题。你见过哪些形式的校企合作？它们的优缺点分别是什么？请在下面的空白处填写。

二、制定培训管理规定

培训能提高门店人员的技术能力和操作熟练度，是实现人才储配的重要手段。在连锁门店的培训中，从店员到店长都需参与培训，培训的内容因对象和要求的不同而不同。门店实施培训一般分为 3 个阶段，即培训需求分析阶段、培训实施阶段、培训评价阶段，具体可以分为 6 个步骤。请填写表 1－25。

表 1－25　门店培训实施步骤

培训的具体步骤	要点说明
培训需求调查	
培训计划制订	
做好培训准备	
培训组织实施	
培训效果评估	
培训循环改进	

培训的内容一般包括经营理念、营业技能、岗位技能、服务技能和管理相关知识，可以分为专业技术培训、管理能力培训、销售技巧培训、企业文化培训等多个模块。培训的方法也是多种多样的，请搜索资料并回答，员工培训的方法有哪些？

三、制定薪酬与考核制度

1. 门店人员的薪酬

好的薪酬管理往往能极大地调动门店员工的积极性、创造性，从而吸引人才、用好人才、留住人才，促进门店目标的实现。门店人员的薪酬主要体现在薪酬水平、薪酬结构、薪酬构成 3 个方面。门店人员薪酬管理的内容主要体现在日常薪酬管理上。

搜索资料并回答，门店人员薪酬制度的主要形式有哪些？

2. 门店人员考核

门店人员考核常见的方法一般有简单排序法、相对比较法、强制分布法、行为锚定法、目标管理法、关键绩效指标法、等级评估法、平衡记分卡、全视角考核法和关键事件法等。门店考核的实施主要包括收集信息与资料、绩效沟通与管理、绩效考评数据处理。门店员工的考核分为管理团队的考核和普通员工的考核，不同对象的考核内容和方法都有差异。请填写表 1－26。

表 1－26　门店考核内容

考核对象	考核要素			
	月度		年度	
管理团队				
门店个人				

四、门店人员的晋升

晋升作为激励的手段，在门店的人员培养工作中尤为重要。完善内部人员的晋升通道，可以有效减少人才流失。门店人员晋升制度是为了提升个人素质和能力，充分调动人员的主动性和积极性，并在门店内部营造公平、公正、公开的竞争机制，规范门店的晋升、晋级工作流程而制定的制度。

晋升的原则有德绩兼备、公平公正和“阶梯晋升”与“破格提拔”相结合。

晋升的模式为工作表现晋升模式、投入程度晋升模式和按年资晋升模式。

晋升的类型一般分为职位晋升、薪资晋升；职位晋升、薪资不变；职位不变、薪资晋升。员工按时按量完成本职工作和上级分配的任务，考勤无任何不良记录，每满一年即可按照员工等级划分标准在原级别上晋升一级（个例经批准可跳级晋升）。转正晋升考核工作由总部主导进行，门店人力资源部门协助开展。门店每月可对符合各项标准的员工进行晋升工作。

搜索资料并至少画出两种门店一线员工的晋升路径。

任务思考

连锁门店往往会面临员工流动性大、服务水平参差不齐等情况。你认为存在这种情况的原因有哪些？要提高员工稳定性，提高服务水平，应当如何做？

训练任务 3-3　投诉管理制度制定

任务目标

1. 能够有效解决门店顾客信息与投诉；
2. 能够优化顾客管理制度。

任务背景

某中年女性顾客在门店自选产品，因其对食品夹的使用办法不得当，连续夹碎了两块蛋挞，之后既无歉意，也无意购买。员工 A 是一名入职两月余的新员工，责任心强但沟通技巧有限。A 站在旁边见顾客夹坏了第一块时，对顾客说："您不会用食品夹，我来教您好吗？"顾客看了她一眼，接着又夹碎了第二块，且带着赌气的意味，因为她用力较大动作也快。员工 A 对顾客说："这两块蛋挞您夹坏了，您要么买回去，要么赔偿！"顾客说："我没有见到你们店里有这么一条规定啊！写出来了吗？贴在哪儿？"双方遂产生了争执。顾客执意找店长投诉，要求对员工 A 严肃处理，向她道歉并罚款。店长李明只得出面来安抚顾客，处理投诉的问题。

任务分析

门店经常会因为各种各样的原因接到顾客投诉，任何的细节处理不当都有可能会导致投诉。投诉处理的恰当与否，直接关系到门店和顾客的关系。如果门店处理妥当，便能够使多年的顾客关系得以维持。因此，门店一定要重视顾客的投诉，找出客户投诉的原因。寻找顾客投诉的真正原因是圆满解决顾客投诉的关键所在。看顾客是由于期望值落差而产生的不满，还是产品质量出了问题，或是对员工的服务有所不满。只有找到确切的原因，才好对症下药。在此基础上，还要建立处理顾客投诉的标准化制度，提高员工的服务意识和服务质量，这样才能够给顾客营造良好的沟通氛围。

任务操作

一、分析顾客投诉的主要类型

顾客抱怨既是门店经营不良的直接反映，又是提升门店经营管理水平的信息来源之一。事实上，并非所有的顾客都会直接向门店反映其遇到的问题，很多顾客以“拒绝再次光临”的方式来表达其不满的情绪，甚至会影响其周围的亲朋好友来一致对抗。如果顾客以投诉来表达其不满，这是提高经营管理水平的机会。顾客的投诉及意见主要涉及商品、服务、安全与环境等方面。请填写表 1－27。

表 1－27　门店顾客投诉的主要内容

投诉类型	投诉的主要内容
对商品的投诉	
对服务的投诉	
对安全和环境的投诉	

二、规定顾客投诉的处理流程

请填写图 1－6 中处理顾客投诉的六个步骤。

图 1－6　处理顾客投诉的步骤

三、优化管理流程

月末就投诉频率较高的内容提出相应的整改措施或整改意见书，发送至营运部。如某商品在短时间内高频率发生质量投诉，必须及时以邮件形式反馈至营运部，以做及时调整。请填写表 1-28。

表 1-28 顾客投诉意见处理系统功能

执行功能	管理功能
受理顾客的投诉意见	
事件的记录与分类	
处理	
了解事实	
解决问题	
处理事件的过程	
顾客回应	
事后追踪	
呈报	
店长	
总部的相关部门	
记录的传送	

请根据所在门店发生的一起典型的顾客投诉，填写表 1-29。

表 1-29 典型顾客投诉分析

投诉人：	联系方式：	投诉时间：
投诉原因		
处理过程		
顾客是否满意		
改进意见		

受理人员： 当班主管： 店长：

任务思考

顾客投诉的类型五花八门，有的通过门店内部就可以解决，有的则是门店没有权限和能力解决的。请思考，当面临门店层面无法解决的问题时，你将会怎样处理？

工作领域二

门店全渠道数据分析与立体渠道推广分析

知识导图

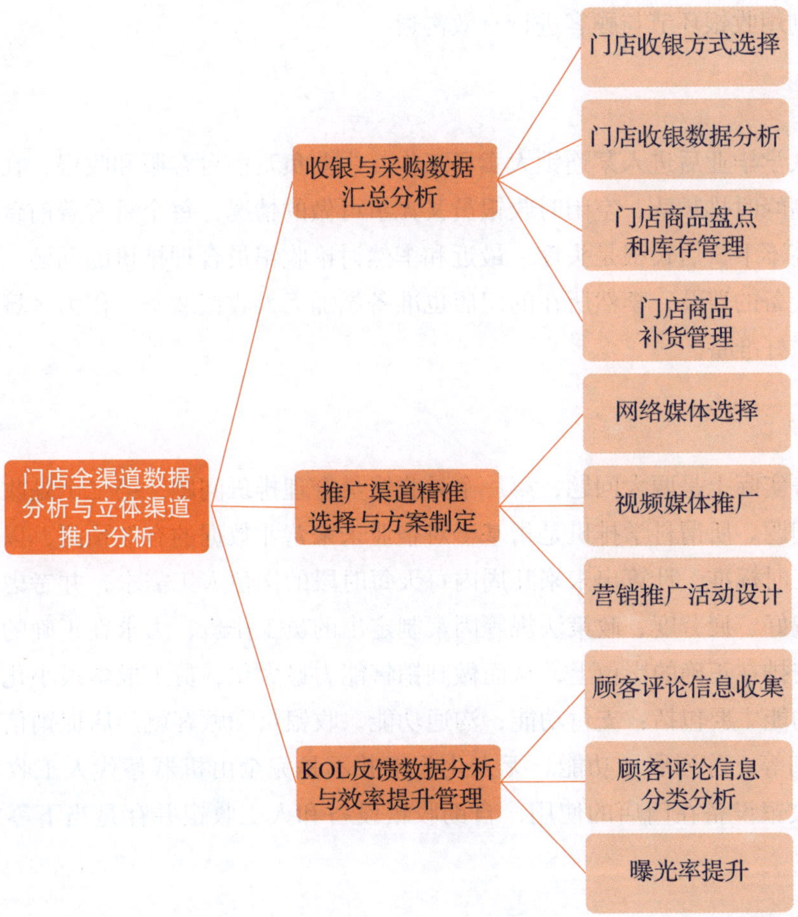

工作任务一 1 收银与采购数据汇总分析

训练任务 1-1　门店收银方式选择

任务目标

1. 能够分析收银流程，提升收银效率；
2. 能利用收银环节与顾客进行有效沟通。

任务背景

李然大学毕业后进入某连锁大卖场工作，主要负责前台客服和收银，在收银区经常出现客流高峰时排长队，空闲时收银员又无事可做的情况，每个月看着前台部门员工成本一直居高不下，店长很是头疼，最近和李然讨论收银员合理排班的问题。同时，随着无人收银装备的普及，李然所在的门店也准备添加无人收银装备，作为区域负责人，李然也需要做好准备。

任务分析

该任务实际上是两大问题，第一个是收银员合理排班问题，第二个是收银区功能定位和管理问题。所谓科学排班是指基于对企业未来营业数据的有效预测，以及准确有效的劳动力工时标准，计算出未来几周内每天每时段的岗位人工需求，并考虑岗位技能匹配、员工偏好、疲劳度、政策法规等因素制定出的员工排班，力求在正确的时间，将正确的人员安排在正确的岗位上，从而做到销售能力最大化，员工成本最小化。传统门店收银区域功能主要包括：支付功能；沟通功能，收银员和顾客就门店促销信息沟通，解答顾客咨询等；陈列展示功能。无人化收银并不是完全由机器替代人工收银，只是增加了自助收银设备在门店的使用，自助收银设备和人工收银并存是当下零售行业的新常态。

任务操作

一、分析导致混乱状况出现的原因

新趋势下收银管理区域的工作人员的主要职责将是维持收银区域秩序，合理引导顾客进行自主支付，处理收银设备故障，合理安排门店收银人员应对营业高峰，对紧急突发情况快速响应并迅速处理，在营业高峰之前检查收银区域物料充足情况等。当出现顾客拥挤混乱的情况，需要分析其背后可能的原因。表 2-1 罗列了收银区域顾客拥挤混乱的现象，请分析可能的原因，并补充该表。

表 2-1 收银区域顾客拥挤混乱的现象及原因分析

序号	现象	原因
1	节假日顾客因排队结账问题发生争吵	
2	周末高峰时期顾客拥挤混乱，顾客使用自助收银设备不当导致无法结账	
3	顾客询问促销商品收银系统里显示的价格为什么与海报吊牌显示的价格不一致	
4	……	

二、初步提出改进服务的对策和建议

针对上述现象及背后的原因分析，请帮助李然想出改进服务的对策和建议（填在表 2-2 中），一方面减少收银区域顾客拥挤混乱情况的发生，另一方面增加和顾客沟通的机会，在适当的场景下给顾客提供更好的建议。

表 2-2 改进收银区域服务的对策和建议

序号	现象	对策和建议
1		
2		
3		

三、科学排班

（1）营业额与收银排班对比，基于现有实际营业数据，分析哪些时段用工较多，哪些时段用工不足。具体见表 2-3。

表 2-3　门店近 7 日的实际营业数据及用工安排

时间		时段 1	时段 2	时段 3	时段 4	时段 5	时段 6
周一	营业额						
	用工数						
周二	营业额						
	用工数						
周三	营业额						
	用工数						
周四	营业额						
	用工数						
周五	营业额						
	用工数						
周六	营业额						
	用工数						
周日	营业额						
	用工数						

（2）下阶段经营预测，并基于预测的营业额，计算用工需求量，合理排班。见表 2-4。

表 2-4　门店未来 7 日的预测营业数据及用工安排

时间		时段 1	时段 2	时段 3	时段 4	时段 5	时段 6
周一	营业额						
	用工数						
周二	营业额						
	用工数						
周三	营业额						
	用工数						
周四	营业额						
	用工数						
周五	营业额						
	用工数						
周六	营业额						
	用工数						
周日	营业额						
	用工数						

任务思考

除了营业额的对比外，商家还可以通过一些其他的经营数据来分析门店员工安排的合理性，如客流量、成交量、接待时间和成交时间、新老员工占比等数据，如果加上这些数据，门店收银员的安排应该考虑哪些问题？此外，自助收银设备的引入，使顾客自助结账时代的收银区域的服务将集中于支付和沟通两个方面，请从运营管理的视角分析新技术的引入将会给门店运营带来哪些变化。

训练任务 1-2　门店收银数据分析

任务目标

1. 能够分析消费者对不同收银及支付方式的喜好；
2. 能够基于 POS 数据分析整理不同商品之间的关联；
3. 能够基于 POS 数据分析整理短期内营收的变化和趋势。

任务背景

李然负责门店收银的工作已经有几个月了，店长请李然对照这几个月的 POS 系统分析整理一下收银数据，并对门店商圈范围内的消费者特征的支付习惯、POS 小票的构成以及门店这几个月营收的变化趋势等数据做一个分析。

任务分析

从门店 POS 系统中可以分析出门店的客单价、每天客流的高峰和低谷、消费者主要购买的单品名称等相关信息，对这些信息的分析可以为门店在满 ×× 元送 ×× 元的营销活动制定、收银人员的配备以及畅销商品的备货等方面提供决策的依据。另外就单个消费者而言，每一张 POS 小票都代表了一种购物习惯，对 POS 小票的分析，也能挖掘出一些有价值的信息，如商品之间的关联。

任务操作

一、支付方式分析

请根据所学知识认真填写表 2－5。

表 2－5　支付方式对比

收银方式	支付手段	占比	建议
人工收银	银行卡		
	微信		
	支付宝		
	储值卡		
	现金		
	促销券		
	……		
自助收银	银行卡		
	微信		
	支付宝		
	储值卡		
	现金		
	促销券		
	……		

二、商品连带分析

请填写表 2－6。

表 2－6　商品连带分析

商品代码	商品名称	所属品类	单品连带	Top1 连带	Top2 连带	Top3 连带	Top4 连带	建议

三、营业数据分析

请填写表 2－7。

表 2－7　营业规律分析

序号	发现的规律	对策和建议
1	客单价 30 元	
2	高峰：12:00 ～ 13:00；17:00 ～ 20:00	
3	……	
4	……	

任务思考

从 POS 系统里还可以分析出哪些有价值的信息呢？

训练任务 1-3 门店商品盘点和库存管理

任务目标

1. 能掌握门店每日、周、月盘存的技能；
2. 能掌握门店明星产品及高毛利产品分析的技能；
3. 能掌握合理库存及周转率分析的技能。

任务背景

李然在收银岗位上已经工作了一段时间，对收银工作十分熟练，最近店长安排李然参与门店的盘点工作，并开始教他如何订货，店长希望李然能够根据盘点的结果有针对性地进行商品订货，保证一个合理的安全库存。

任务分析

库存管理是一个持续的动态过程，与门店的销售状态一样，贯穿于门店日常管理的始终，是门店管理的核心内容。利用强大的后台销售数据进行分析，为日常经营管理做出科学合理的决策支持，是门店管理人员必须拥有的核心工作能力。

明星产品一般是指贡献了门店 80% 销售金额的 20% 的商品，或者是销售金额排行在前列的商品。

关于门店周转率的问题，从财务角度仅仅是一个财务指标，但是具体到门店日常运营管理，大中小类具体商品的周转率结构分析才是应关注的重点，食品类的周转率通常高于非食品类，生鲜商品作为食品类核心（果蔬 / 肉类 / 水产 / 烘焙 / 熟食）是周转率最高的品类。

作为门店管理者，对全店商品的动销率高低应做到心中有数，高周转率商品通常也是门店的明星产品，除了生鲜类外，香烟类商品也是高周转品类，日常销售应予以重点关注，除烟草系统订货之外，应根据各家门店的具体销售情况，联系系统内调拨，保证门店的销售。

门店管理人员应对低动销率商品保持关注，并做出相应的销售对策，比如采取促销折扣、特殊陈列、捆绑销售等手段，尝试促进销售；对于在一个较长销售周期（3 个月 / 6 个月）零销售的商品应考虑是否清理此品项，引进竞品等。

门店的周转率和合理库存犹如一枚硬币的两面，应将二者作为一个整体来看待，而不是割裂开来。合理库存计算最重要的依据就是商品的销售周转率，库存是为销售服务的，要保证销售的正常进行。

任务操作

1. 说明什么是门店的明星产品。

2. 针对门店销售排名靠前的商品应该如何对待？请补充表 2－8。

表 2－8　畅销款应对表

主要表现指标	启示	行动建议
畅销品 （Top 前 N 款）	1. 畅销的真正原因 2. 检查库存 3. 计算回转周数 4. 制定安全库存线 5. 了解畅销商品的情况，准备替代品	

3. 针对门店销售排名靠后的商品应该如何对待？请补充表 2－9。

表 2－9　滞销款应对表

主要表现指标	启示	行动建议
滞销品 （Top 后 N 款）	1. 找到销售排名靠后几位的商品 2. 查找原因，想出方法 3. 进行尝试 4. 促销的方式	

4. 针对商品盘点时出现的问题给出可能的原因分析，填写在表 2－10 中。

表 2－10　商品盘点时出现的问题及原因分析

盘点时出现的问题	原因分析
日盘商品出现库存不符	
生鲜品类周盘点中个别品类出现实际库存远高于系统库存	

5. 针对库存管理中发现的问题，请给出可能的原因，填写在表 2-11 中。

表 2-11 库存管理中出现的问题及原因分析

库存管理中出现的问题	原因分析
某低动销率产品自两个月前有过一笔销售后，最近一直是零销售，库存数量正常	

任务思考

门店新管理人员如何快速熟悉全店商品库存情况？

训练任务 1-4　门店商品补货管理

任务目标

1. 能对门店不同商品的补货方式提出建议；
2. 能基于常规商品自动补货公式，计算补货量；
3. 能对商品大型促销及特殊时期的订货提出合理化建议。

任务背景

随着李然对门店商品管理流程的熟悉，店长觉得可以考虑让李然单独进行个别品类的订货工作了，门店对不同商品采取了不同的订货方式，店长希望李然能够根据实际情况进行订货，在此之前先选择了几个单品让李然练习练习。

任务分析

高效补货是对门店商品管理工作的有效保障，主要目标是控制店内的缺货率和库存天数，即以最高的效率，在正确的时间提供正确的数量并将正确的产品运送到正确的地点。门店的周转率和合理库存犹如一枚硬币的两面，应将二者作为一个整体来看待，而不是割裂开来。合理库存计算最重要的依据就是商品的销售周转率，库存是为销售服务的，要保证销售的正常进行。合理补货是利润增长的重要源泉，也是赢取竞争的重要保证。

任务操作

一、计算库存控制目标

门店店长为了锻炼李然，首先让李然计算蜂花牌护发素的库存控制目标。

库存控制目标（Inventory Control Objective，ICO）是零售商为满足持续的需求而控制的理想库存总数量。库存控制目标的制定建议根据过去 8 周平均每周的销售量计算。门店对蜂花牌护发素的需求是 7 天订货一次，分销商送货时间为 2 天，该商店的蜂花牌护发素平均每天销售量为 0.5 箱，同时该店设定安全库存天数为 7 天。那么，蜂花牌护发素在该商店的库存控制目标是多少？请填写表 2－12。

表 2－12 计算蜂花牌护发素的库存控制目标

库存控制目标计算

二、计算安全库存天数

在计算过库存控制目标之后，店长又要求李然计算雕牌洗衣皂的安全库存天数，请参考门店过去 8 周雕牌洗衣皂的销售量（见表 2－13），计算雕牌洗衣皂的安全库存天数（见表 2－14）。

表 2－13 门店过去 8 周雕牌洗衣皂的销售量 单位：箱

周	1	2	3	4	5	6	7	8	平均
销售量	10	8	10	8	10	8	10	8	9
偏差	1	1	1	1	1	1	1	1	1

表 2－14 计算雕牌洗衣皂的安全库存天数

安全库存天数计算

三、计算补货量

李然掌握了库存控制目标和安全库存天数的计算之后，店长开始要求他计算建议补货量。门店对康师傅方便面 7 天订货一次，其分销商送货时间为 2 天，该店的康师傅方便面平均每天销售量为 2 箱，该店设定安全库存天数为 3 天。估计康师傅方便面缺货率有 25%。商店现有库存 4 箱。昨天门店用电话订购了 9 箱，并将于明天到货。今天早上有一集团客户向门店预订了 8 箱康师傅方便面。问：今天应该建议补多少货？请填写表 2－15。

表 2－15　计算康师傅方便面的建议补货量

建议补货量计算

四、对补货进行深入分析

在计算完常规商品的补货量之后，店长要求李然对促销商品的补货做一次深入分析并提出相应建议。门店计划拿金龙鱼 5 升装食用油计划作一档为期 14 天的降价促销活动，促销时段从 12 月 8 日开始至 12 月 21 日止，门店做好商品的订货工作。在与供应商的促销协议中制定了一个促销目标，即在促销档期内，该 SKU 的销量比平常增加 300%。为了弥补超市在促销中的毛利损失，便于促销后商品的处理，经过与供应商的谈判，供应商同意供货特价的日期是从 12 月 4 日至 12 月 24 日。报表数据显示，截至 12 月 3 日晚上，门店的库存是 200 桶，日均销量是 20 桶，现在店长问李然，门店需要订货多少桶，才能顺利满足商店的经营目标？请结合不同情况给出相应建议，并填写表 2－16。

表 2－16　商品盘点时出现的问题及原因分析

序号	影响因素	对策建议分析
1	金龙鱼的账期对订货量的影响	
2	门店库存目标对订货量的影响	
3	供应商给的特价力度对订货量的影响	
4	竞争对手的促销档期对订货量的影响	
5	门店安全库存对订货量的影响	
6	春节期间囤积年货对订货量的影响	
7	其他因素	

任务思考

门店管理人员如何针对不同品类的特点确定补货方式和补货参数?

工作任务二 2 推广渠道精准选择与方案制定

训练任务 2-1 网络媒体选择

任务目标

1. 能够对产品受众的特征进行分析；
2. 能够掌握线下各视频及社交网络媒体的受众特征；
3. 能够选择适合自身的视频及社交网络媒体进行推广。

任务背景

“猫大圣”是一个专注于猫粮、猫零食及猫用品研发和销售的网店品牌，其在天猫上分别开设了猫大圣宠物用品旗舰店、猫大圣官方店。因发展需要，该品牌计划以旗下新品“猫大圣风干猫粮”为重点推广对象，以这一产品为载体，通过选择适合自身的视频及社交网络媒体进行推广，提升产品销量，进而带动品牌知名度的提升。该企业目前有 8 名员工，分别包括：两个产品运营人员、一个视频剪辑人员、一个客服人员、一个美工人员、一个仓库打包人员、一个产品开发人员、一个货源负责人员。该企业计划在社交网络媒体上的推广投入是一个月 15 万元。小李作为此次推广任务的负责人之一，此次的任务是寻找到适合自身的视频及社交网络媒体。

任务分析

在交易主导权回归用户的新零售时代，数字化使得物理渠道和虚拟渠道之间的界限消失。消费者具有全新的特征：需求愈发个性化，更加注重服务体验，充分利用各个渠道获取产品相关信息，在碎片化场景中多渠道购物等。零售企业仅凭单一渠道已经很难充分满足全新消费者的购物需求，全渠道推广与整合成为发展趋势与关键。推广渠道，在本质上是消费者与零售企业的接触点。在数字时代，推广渠道发生了以消费者为中心的转移，消费者粉末化的触媒习惯加剧了销售终端的变革，从传统的人找货变成了货找人。数字时代多样化的消费者接触点，无论是对传统零售企业，还是对电商企业来说，都带来了拓展更广阔空间的机会。

任务操作

一、分析产品受众的特征

通过天猫卖家后台导出了“猫大圣风干猫粮”消费者人群数据，如图2-1至图2-6所示，根据提供的资料分析及归纳受众的特征，将其填入表2-17。

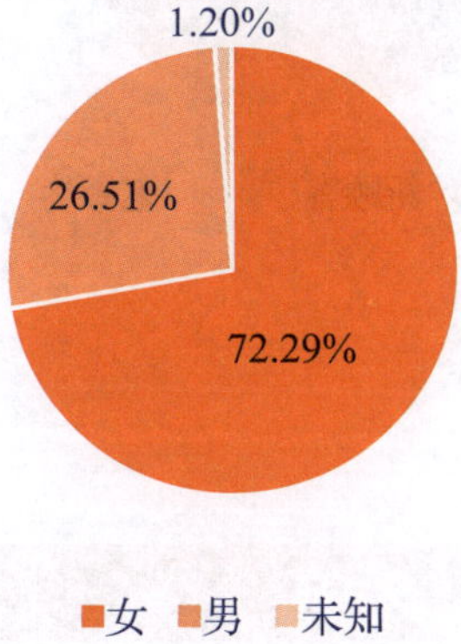

图2-1 消费者性别分布

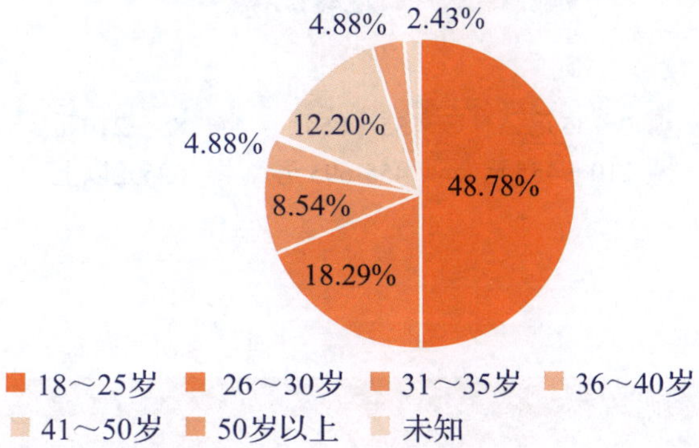

图2-2 消费者年龄分布

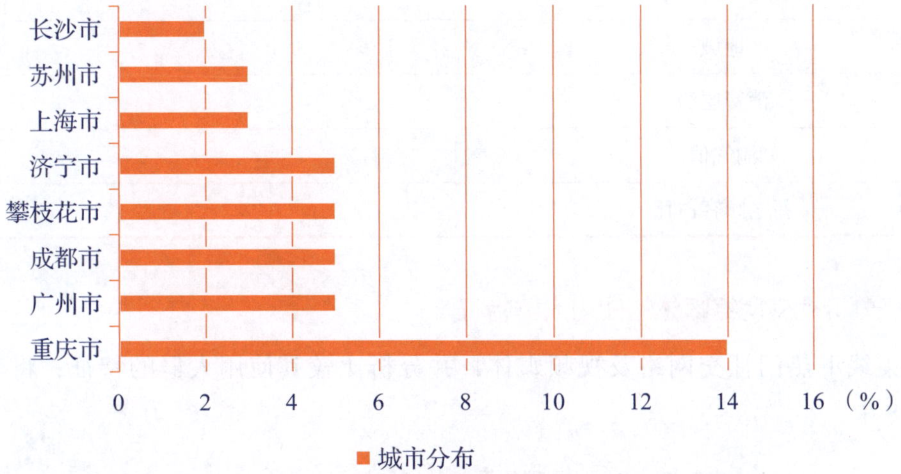

图2-3 消费者地域分布（日均值）

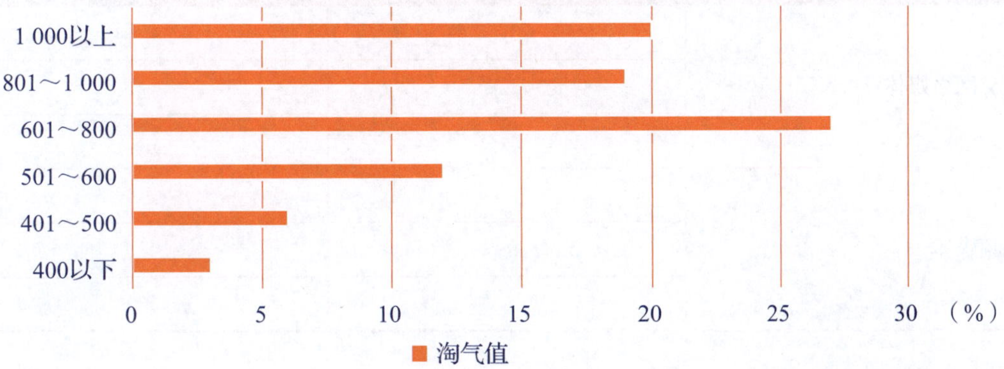

图2-4 消费者淘气值分布（日均值）

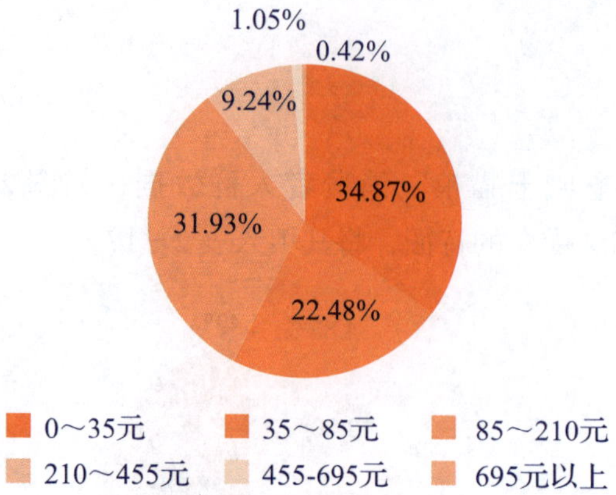

图 2-5　消费层级

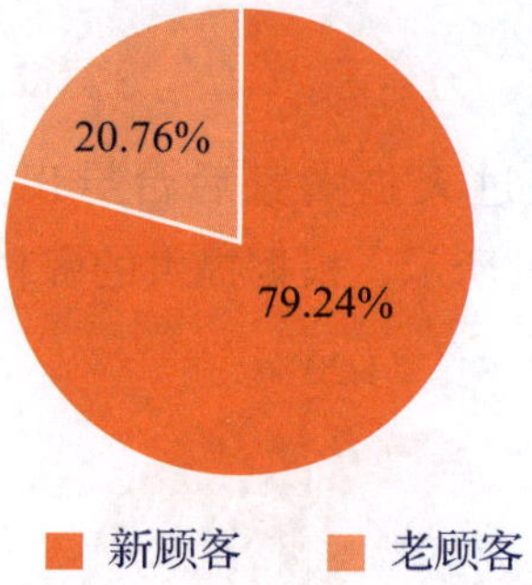

图 2-6　新老顾客占比

表 2-17　“猫大圣风干猫粮”消费者人群数据表

类　目	特　征
性别	
年龄	
地域	
消费层级	
淘气值	
新老顾客占比	

二、分析社交网络媒体的使用人群特征

收集线下热门社交网络及视频媒体，并分析比较其使用人群的特征，将其填入表 2-18 中。

表 2-18　社交网络及视频媒体使用人群特征表

媒体		使用人群特征
社交网络媒体		
视频媒体		

三、确定适合自身的社交网络推广媒体

请综合产品受众、社交网络媒体的使用人群特征及推广目标、预算、能力等因素综合确定最终的社交网络推广媒体组合，并填于表 2－19 中。

表 2－19　社交网络推广媒体组合表

类型	平台	预算分配	特点	注意事项
社交媒体	微信			
	钉钉			
	……			
	……			
视频媒体	快手			
	抖音			
	……			
	……			
交易媒体	京东			
	淘宝			
	……			
	……			
……				

任务思考

新兴媒体和平台层出不穷，请查询各种信息，列出你认为值得推荐的新媒体和平台，并说明理由。

训练任务 2–2　视频媒体推广

任务目标

1. 能够对产品的价值点进行梳理；
2. 能够根据媒体的特点确定推广视频的内容。

任务背景

成功选择好推广媒体之后，小李开始着手准备运用视频媒体推广“猫大圣风干猫粮”这款产品。小李整理了“猫大圣风干猫粮”这款产品的简介。“猫大圣风干猫粮”是“猫大圣”品牌推出的一款肉含量超过 96%，能够满足猫食肉天性的低温风干鲜肉，独特的风干技术能减少鲜肉营养流失，1 粒肉干营养≈ 5 粒鲜肉营养；相较于某些知名的风干猫粮品牌，“猫大圣风干猫粮”品质不输于它们，价格却只有它们的一半；“猫大圣风干猫粮”在原材料上精选鲜鸡肉 + 牛肉 + 三文鱼 + 鳕鱼 + 鸭肉 + 新西兰青口贝等多种肉，满足猫不同口味，比单一肉源更能为猫提供丰富营养。

任务分析

运用视频媒体推广产品，需要在对产品的价值点进行分析及提炼的基础上结合不同视频媒体的特征确定视频内容。具体而言，在这个过程中，还需要进行主题规划选择、内容形式选择、内容结构选择、内容风格选择以及内容来源选择等一系列工作。

任务操作

一、梳理产品价值点

产品的价值点是产品的传播推广点，是能满足顾客需求的核心价值。请梳理“猫大圣风干猫粮”这款产品的FAB，并用精练的语言填于表2-20中。

表2-20 “猫大圣风干猫粮”价值点

价值点一	
价值点二	
价值点三	

二、撰写视频脚本

产品的价值点为推广视频的内容提供了方向，请自行选择一款视频媒体，并结合“猫大圣风干猫粮”的价值点撰写一个推广视频脚本，填于表2-21中。

表2-21 推广脚本

镜号	景别	镜头运用	时长	画面内容	备注	音效

任务思考

在视频推广过程中还有哪些注意事项？

训练任务 2-3　营销推广活动设计

任务目标

1. 能够根据 SMART 原则设置营销推广活动目标；
2. 能够结合平台及产品特点确定营销推广活动类型；
3. 能够结合平台及产品特点制定营销推广方案；
4. 能根据营销推广方案编制预算；
5. 能够对营销推广活动的效果进行评估。

任务背景

小红书是当下年轻人分享生活方式的平台，用户可以通过短视频、图文等形式记录生活点滴，并基于兴趣形成互动。这种分享被越来越多的消费者当成“种草”的途径，所以越来越多的产品及品牌进入小红书，通过分享实现推广效果。

“猫大圣”品牌方决定今年开始利用小红书进行推广宣传，通过在小红书上开展相关营销活动让更多人“种草”“猫大圣风干猫粮”，进而提升“猫大圣”品牌的知名度。除此之外，“猫大圣”品牌方还希望能在线下设计营销推广活动并进行同步宣传，小王是此次营销推广活动的负责人，他要完成营销推广活动的设计、推广效果的评估等工作。

任务分析

设计营销推广活动需要设定清晰的目标，这不仅能指导营销推广活动的开展，也为后续的评估提供了参考。在小红书这个以分享及“种草”实现互动式推广效果的平台，在设计营销推广活动时首先需要结合平台及产品的特点确定推广活动的类型；其次需要设计具体的推广活动，通过相关活动的开展实现产品销量和品牌知名度提升的目的；再次需要编制活动预算；最后还需要对营销推广活动的效果进行评估，并进行总结和分析。

任务操作

一、设定营销推广活动的目标

营销推广目标的设定必须符合 SMART 原则，请依据小红书推广的特性，选取适当的维度为本次小红书营销推广活动设置目标，并填于表 2－22 中。

表 2－22　营销推广目标

目标 1	
目标 2	
目标 3	

二、确定营销推广活动的类型

在小红书上可以通过精彩的分享让感兴趣的消费者产生“种草”行为，那么以什么形式进行分享才能让消费者感兴趣是整个营销推广活动的核心，例如，母婴用品在小红书上主要采用了大博主测评等方式吸引消费者“种草”。请结合“猫大圣风干猫粮”的特点，为其设计适合的推广活动形式，并填于表 2－23 中。

表 2－23　“猫大圣风干猫粮”推广活动形式

类型 1	
类型 2	
类型 3	

三、设计具体的营销推广活动

确定了具体的推广活动类型后，接下来就可以设计具体的推广活动。所设计的营销推广活动需要能够体现“猫大圣风干猫粮”的价值点，能引起养猫、爱猫人士的兴趣及共鸣，同时能与养猫、爱猫人士形成良好的互动。具体的营销推广活动包括时间、平台、地点、活动内容等要素，请将具体的推广活动内容填于表 2－24 中。

表 2－24　具体的营销推广活动

活动	时间	平台	地点	活动内容
活动 1				
活动 2				
活动 3				
……				

四、确定营销推广方案的预算

根据前期设定的小红书营销推广目标及具体的推广活动安排，编制营销推广方案的预算，并填于表 2－25 中。

表 2－25　活动方案预算表

费用项目	内容	合计（元）

五、营销推广活动效果评估

营销推广活动开展之后，需要对活动的效果进行评估，并做出总结，为下次开展相关营销推广活动提供参考。请依据前期设定的推广目标，对此次小红书推广活动进行评估，填于表 2－26 中，并依据活动的开展情况对推广活动进行总结，填于表 2－27 中。

表 2－26　推广活动评估

目标	完成情况
目标 1	
目标 2	
目标 3	

表 2－27　推广活动总结

活动	总结
活动 1	
活动 2	
活动 3	
……	

任务思考

营销推广活动还有哪些注意事项？

工作任务三

3

KOL 反馈数据分析与效率提升管理

训练任务 3-1 顾客评论信息收集

任务目标

1. 能够用 Excel 表统计电商平台某类产品销售排名；
2. 能够用 Excel 表统计电商平台某个产品项目的所有顾客评论数据。

任务背景

张宇轩大学时学的是电子商务专业，毕业后进入李宁集团唯品会线上销售部门，从事的岗位是售后顾客维护。鞋品类项目主管需要对销量排名前三的 3 款鞋子进行消费信息数据分析。售后服务部主管安排张宇轩负责顾客评论信息的收集统计工作。

任务分析

张宇轩要完成此项任务，首先需要统计鞋品类的销售数据，找出销售排名前三的商品，然后收集针对此 3 项商品的评论，在收集的过程中要对评论信息进行必要的筛选和整理，对系统自评信息无须重复登记，只要统计系统自评的次数以及所占总比例，去除无效信息（与商品购买评论完全无关的信息）。最后将所有有效评论数据整理到一个 Excel 表中。

任务操作

一、李宁唯品会线上鞋类商品销售数量排行表

李宁品牌在唯品会线上销售的鞋类品种繁多，为了确保正确地筛选出销售量排名前三的商品，需要确认线上在售鞋类商品的项目总数，确保所有鞋类商品数据都被统计到。请填写表 2－28。

表 2－28　商品销售明细表

名次	商品名称和型号	价格	销售数量
1			
2			
3			
4			
5			
……			

二、李宁唯品会线上销售量排名前三的鞋类商品顾客评论数据统计表

此项工作是对消费者消费感受进行分析的重要的基础数据采集工作，准确全面采集是正确分析消费者购买感受的重要保障。因为数据量大且繁杂，同时还需要进行一定的鉴别和筛选，所以需要我们在工作中耐心细致。请填写表 2－29 至表 2－31。

表 2－29　顾客评论数据统计表（销量排名第一的________*）

序号	日期	评论
1		
2		
3		
4		
5		
……		

系统自评统计：系统自评共计________次，占全部评论总数的________%。

*：填表 2－28 中的具体商品名称。下同。

表 2－30　顾客评论数据统计（销量排名第二的________）

序号	日期	评论
1		
2		
3		
4		
5		
……		

系统自评统计：系统自评共计________次，占全部评论总数的________%。

表 2－31　顾客评论数据统计表（销量排名第三的________）

序号	日期	评论
1		
2		
3		
4		
5		
……		

系统自评统计：系统自评共计________次，占全部评论总数的________%。

任务思考

在顾客评论信息收集过程中还有哪些注意事项？

____

____

____

____

____

____

____

____

训练任务 3-2　顾客评论信息分类分析

任务目标

1. 能够按照顾客购后感受对数据进行分类归纳；
2. 能够按照提取关键词进行信息归类；
3. 能够根据归类的评论信息进行研究并给出建议和对策。

任务背景

数据收集工作完成后，主管对张宇轩的信息采集工作非常满意，现在给他布置了一项新的任务，让他从销量前三的商品中任选两个商品的评论数据对数据作进一步的分析研究，要求分别从不同的维度对两个商品的评论数据进行分析。信息采集只是初步工作，对数据进行分类分析，并针对不同类别的消费者给出合理的建议才是最终目的。

任务分析

要完成对评论数据的分类分析，首先要找到合适的分类角度。张宇轩的任务是要按照不同的角度对两个商品的评论数据进行分析，这里我们可以从常用的购后感受和提取关键词这两个角度进行分析。

任务操作

一、按照购后感受对评论数据进行分类分析

请从销量前三的商品中任选一款商品，按照消费者的购后感受对数据进行分类分析，具体内容填写在表 2－32 中。

表 2－32 按照购后感受对消费者评论数据进行分类分析

购后感受	占评论总数的百分比（%）	对每种购后感受总结出3种主要情况	对策建议
很满意			
比较满意			
一般			
不满意			
系统自评			

二、按照提取关键词的方法对评论数据进行分类分析

请从销量前三的商品中任选一款商品名称，按照提取关键词的方法对数据进行分类分析，具体内容填写在表 2－33 中。

表 2－33 按照提取关键词的方法对消费者评论数据进行分类分析

关键词	占评论总数的百分比（%）	对每个关键词总结出3种主要情况	对策建议
客服			
售后			
质量			
价格			
规格			
物流			

任务思考

根据对消费者评论数据的整理分析，您认为商品要想取得理想的销量，必须做好哪些方面的工作？

____

____

____

____

____

____

训练任务 3-3 曝光率提升

任务目标

1. 能够基于搜索优化提高曝光率；
2. 能够在品类导航入口提高曝光率；
3. 能够通过广告提高曝光率。

任务背景

张小雨开了一家陕西特色小吃店，主营陕西特色面、肉夹馍、凉皮等，现打算在美团外卖上开展线上销售。线上新店开业，店铺的曝光率是能否经营成功的关键所在。张小雨为提高店铺外卖平台的曝光率，考虑首先从提高店铺的搜索入口流量开始，其次从品类导航入口导流，而对于新店来说，想迅速打开市场，使曝光率有巨大的增长，还必须投入促销广告。

任务分析

美团外卖平台流量入口主要是搜索入口（流量占比 20%）、品类导航入口（流量占比 32%）、营销活动入口。搜索入口是顾客通过搜索框寻找菜品或店铺的行为，通常代表其有明确的需求，因为搜索功能可以帮助顾客高效定位所需的菜品或店铺。

通过品类导航这个入口点单的用户也不在少数，所以一定要为自己店铺选择合适的品类，比如一家主营粥类的店铺（你的品类本应可以出现在包子粥店的入口中）如果填错品类的话，比如填成面食类了，那就白白丧失了本该属于你的流量。一般在外卖平台每个商家可以选择两个品类入口，可以通过两个品类的组合来提高店铺在外卖平台的曝光率。例如，外卖平台根据消费者不同时间段需求的不同，不同时间段主要曝光的品类也会有所不同，早餐时间段主要是早点类，中餐和晚餐时间段主要是各种餐饮，下午主要是下午茶糕点类，晚上主要是夜宵休闲类。所以我们可以利用品类组合来加长店铺在外卖平台曝光的时间，从而增加曝光量。也可以选择同一个时间段内两个搜索率较高的品类，这样也可以提高店铺的曝光量。

美团外卖平台的促销广告位一般只有 1cm × 7cm 大小，这就要求设计促销广告时文字不仅要吸引消费者，还要精简。图片要精心设计，既要能引起消费者食欲，又要有美感，图片最能抓住消费者，必须出彩。最后要注意整个广告排版和色彩协调美观。

任务操作

一、提高店铺搜索入口流量

根据店铺的主营菜品和创意，为店铺设计 3 个搜索率较高的店名填入表 2 - 34 中。

表 2 - 34　店铺名称的选择

店名	设计理由

二、进行品类划分

根据美团 App 外卖平台的品类划分，填写表 2 - 35 中每个项目所包括的具体品类。

表 2 - 35　品类归属选择

项目	具体包括的品类
甜点饮品	
早餐	
正餐优选	
夜宵	
汉堡比萨	
日韩料理	
家常菜	
快食简餐	
小吃馆	

三、进行品类的选择关系梳理

选择合理的品类组合也可以加大店铺在平台的曝光率。美团外卖平台规定一家餐馆可以同时归入两个品类，请根据经营的特色选择两个曝光率高的品类组合填入表 2 - 36 中并说明理由。

表 2 - 36　品类组合与选择理由

品类组合	选择理由

四、填写店铺特色等信息

请在表 2－37 中填写店铺特色和目标消费者的消费心理特征。

表 2－37　店铺特色与目标消费者的消费心理特征

店铺特色	
目标消费者的消费心理特征	

五、设计广告

请为张小雨在美团外卖平台设计一个广告，要求 20 字以内并配一张美食图片。

任务思考

您认为提高店铺在外卖平台的曝光率，除了提高搜索入口流量、品类入口流量和广告入口流量外，还有哪些策略和方法？

工作领域三

门店顾客画像分级与客户服务

知识导图

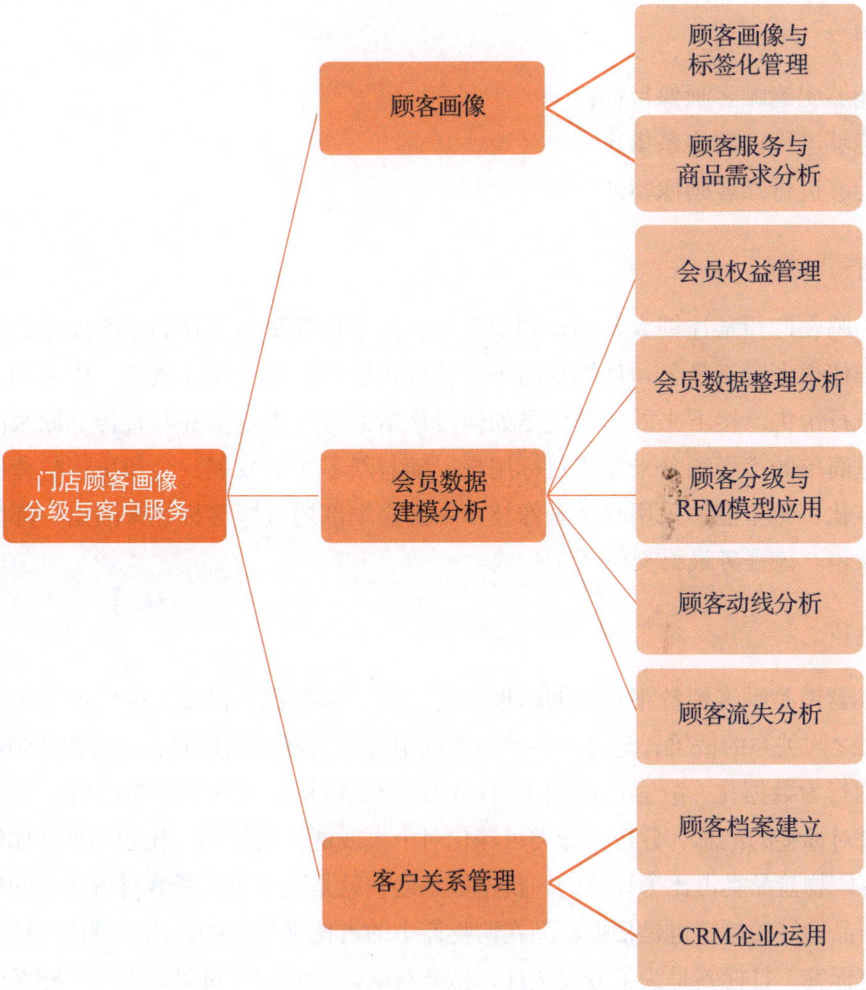

工作任务一

1

顾客画像

训练任务 1-1 顾客画像与标签化管理

任务目标

1. 能够明确顾客画像目标；
2. 能够进行标签体系搭建；
3. 能够进行顾客画像验证。

任务背景

王一鸣在广州某连锁大卖场企划部工作，由于榴莲是该公司的核心商品，其在南区的消费群体很大，于是公司计划推出一款价位比较高的榴莲味冰激凌，由泰国直接进口到广州进行销售。接下来的问题就是如何对该新品进行市场推介和宣传。原来的常用手法是通过简单的市场细分来寻找目标用户，随着新零售的发展，公司决定将营销工作进一步精准化，希望能够采用顾客画像技术，由企划部通过顾客标签来圈出一部分潜在用户进行营销。该任务最终交给了王一鸣。

任务分析

精准营销是顾客标签很重要的落地应用。顾客标签很大程度上可以说是用来建立顾客与商品之间关系的桥梁，通过一系列标签的组合来实现营销目的。门店顾客画像是将门店顾客的行为数据化。顾客以往购买商品的种类、价格、频次等，对应着一个或多个标签，通过对标签的汇总、分析、分类可深化对个人或群体的认知。比如品类的偏好，就是依据顾客购物篮品类占比来计算的。价格敏感度，就是基于不同顾客对价格带的偏好来计算的。新品偏好的标签也是根据新品在购物篮中的占比来计算的。用户画像的核心工作是为用户打标签，打标签是为了分类统计、精准获取。而营销人员是怎么研究顾客画像问题的呢？通常可以借助顾客画像的 PERSONAL 八要素。

任务操作

一、目标分析

训练时可以结合学校所在地有代表性的大型超市进行调研：需要了解顾客画像期望，确认画像目的。要了解构建顾客画像期望达到什么样的运营或营销效果，从而在标签体系构建时对数据深度、广度及时效性方面做出规划，确保底层设计科学合理。请补充表 3-1。

表 3-1 公司此次画像的目标

序号	目标	具体表述
1	目标一	
2	目标二	
3	目标三	

二、体系构建

在采集数据时需要考虑多种维度，比如行业数据、全用户总体数据、用户属性数据、用户行为数据、用户成长数据等，同时上述维度的数据需要基于画像目标进行针对性的分类处理，并通过行业调研、用户访谈、用户信息填写及问卷、平台前台后台数据收集等方式获得。请补充以下信息。

1. 标签细化分类

见表 3-2。

表 3-2 标签分类

序号	划分标准	不同分类表述
1	按照应用目的	
2	按照客户特征	
3	按照获得方式	
4	按照精准度	

2. 标签级别确定及命名

有了不同的标签，还需要按照一定的层次结构对标签进行归类。除此之外还应该给每个标签取一个名字，以用于标签之间的区分。见表 3-3。

表 3-3 标签级别

一级标签	二级标签	三级标签	四级标签

3. 标签赋值

标签赋值，是指将前面已经分好类的标签，确定具体的值。如年龄段标签：25～35 岁；地域标签：北京。见表 3－4。

表 3－4　标签赋值

一级分类	二级分类	三级分类	四级分类	标签	数值

4. 数据采集的途径

见表 3－5。

表 3－5　收集信息的途径

类型	收集渠道	渠道说明
直接渠道		
间接渠道		

三、画像构建

确定了标签体系后，就可以为顾客贴标签了。同一个顾客可以贴多个标签，也就是说，顾客画像可以用标签的集合来表示，同各个标签之间存在一定的联系，见表 3－6。

表 3-6 画像构建

维度	标签内容
基础属性	
社会 / 生活属性	
行为习惯	
兴趣偏好	
心理学属性	

四、画像验证

顾客画像验证，就是验证给顾客贴的标签是否准确。见表 3-7。

表 3-7 画像验证

序号	圈选标准	说明
1	圈选标准 1	
2	圈选标准 2	
3	圈选标准 3	
4	圈选标准 4	

任务思考

有的人认为顾客画像就是包含了顾客的详细信息，有的人认为顾客画像是能够反映出一个群体的统计学特性，有的人认为顾客画像和市场细分没有区别……你认为顾客画像的本质是什么呢？

训练任务 1-2 顾客服务与商品需求分析

任务目标

1. 能够利用调研收集顾客需求；
2. 能够基于观察法收集顾客需求。

任务背景

A 零售商一直以来都是采取跟随策略，竞争对手经营什么品类或者提供什么服务，它就快速模仿，带来的后果就是顾客总觉得该零售商没有创新，对于追求新品的顾客而言，最好不要到 A 的门店。为了改善市场形象，A 零售商决定积极引进新品类，尤其引进竞争对手没有的品类。但是，到底顾客有没有这样的需求？顾客目前的潜在需求还有哪些？ A 零售商心里没有谱，所以要求市场部进行市场调研，挖掘顾客需求。作为市场部经理的李纲，当仁不让需要面对该项任务。

任务分析

顾客的需求往往是多方面的、不确定的，需要我们去分析和引导，很少有顾客尤其是消费品的购买者对自己要购买的消费品能够进行非常精确的描述，也就是说，当一位顾客站在我们的面前时，他对我们的产品有了极大的兴趣但仍然不知道自己将要买回去的是什么样的。在这种情况下，需要增强与顾客的沟通，对顾客的需求做出定义。顾客的需求定义就是指通过买卖双方的长期沟通，对顾客购买产品的欲望、用途、功能、款式进行逐渐发掘，将顾客心里模糊的认识以精确的方式描述并展示出来的过程。

任务操作

一、调查对象的确定

调查对象应选择对于该商业企业来说重要的顾客，即 A 类顾客，可以是散客，也可以是团客。请补充填写表 3－8。

表 3－8　调查对象一览表

被调查者	人数	条件和要求	备注

调查时间：　　　　　　　　　　　　调查者：

二、调查活动实施

对顾客进行访谈。需要注意提问的方式、问题的内容、谈话的技巧等，注意问题涵盖所研究内容的全面性、一致性、丰富性、开放性和合理性。

小组研究设计，得到访谈方案并记录过程（可另附页）。

____

____

____

____

____

____

三、顾客需求因素筛选及归类整理

对通过访谈得到的信息资料归类整理。注意结构变量和观测变量的归集，以便同时得到顾客需求各因素间的关系。记录指标筛选过程并详细分析此过程。见表 3－9。

表 3－9　需求因素筛选

被调查者	活动场景	面临痛点	潜在需求

四、顾客需求分析

利用多种方法将服务和商品的基本需求（包括类型、数量、质量水平、提供方式等，以及遇到服务问题解决的速度、程度等）内容详细地罗列出来。

任务思考

如何更好地进行顾客需求引导？

工作任务二 2 会员数据建模分析

训练任务 2-1 会员权益管理

任务目标

1. 能对会员权益进行相应的匹配与管理；
2. 能对高价值会员做出服务升级等特别处理。

任务背景

张林毕业后进入了当地一家综合性商场的客服部，主要负责商场对外的客户开发、客户维护、客户挽留等工作。因商场业务的发展、顾客服务需求的上升、信息化管理水平的提高，该商场需要进行会员管理系统的升级工作。部门主管王经理安排张林负责会员级别的整理及相关权益的匹配，对高价值的会员做出相应的服务升级等处理。

任务分析

建立科学化、完善有效的会员等级管理及权益制度，协助企业明确业务战略重点及指标，促使企业达到预期的业绩效果，是企业良好运作会员管理的一个重要保障。商家实行会员制，一定程度上就是为了区别会员特权，而消费者办理会员卡也正是看中了会员权益。会员权益是否吸引消费者，直接影响到会员数量。所以会员权益的设计是实行会员制的重点。基于客户一次性充值等数据来对会员进行分级，设定等级晋升规则以自动进行等级变更。会员权益一般可以从这几个方面进行分类：会员折扣、会员特权、会员专属活动及会员日等。根据会员级别的不同，所享有的会员权益也会有区别。

任务操作

一、设计客户等级

要做好会员管理，首先要将大量的会员数据进行划分。因此，企业可根据客户一次性充值金额的大小来区分客户等级，请填写表 3－10。

表 3－10　会员等级表

类别编码	会员等级	划分依据
01	初级会员	一次性充值 1 千元
02	中级会员	
03	高级会员	
……		

二、匹配会员权益

根据客户等级的不同，会员权益相应也有所区别。根据企业实际情况设计会员权益表，如表 3－11 所示。

表 3－11　会员权益表

会员等级	会员权益				划分依据
	折扣	积分	生日好礼	……	
初级	0.95	1 元 =1 积分	500 积分		一次性充值 1 千元
中级	0.9	1 元 =2 积分	1 000 积分		
高级	0.8	1 元 =5 积分	2 000 积分		
……					

三、升级服务

随着市场和消费需求的不断变化，会员等级的服务也要有调整。特别是对于高价值的会员来说，会员服务升级、特殊会员活动更具影响力。下面根据企业的实际情况，对已有的会员权益表（见表 3－11），选择一部分权益进行调整，使企业更具吸引力，提高高质量会员的会员忠诚度。请填写表 3－12。

表 3－12　会员权益升级表

升级对象	升级依据	升级前	升级后
会员 ID1	当月累计消费金额满 5 千元		
	当月累计消费次数满 5 次		
	……		

续表

升级对象	升级依据	升级前	升级后
会员 ID2			

任务思考

企业设定会员等级的依据有哪些？不同行业会员权益升级周期如何？

训练任务 2-2　会员数据整理分析

任务目标

1. 能对会员数据进行收集和整理；
2. 能对整理过的会员数据进行分析。

任务背景

张林所在的商场近期要求业务部门在本季度提高业绩指标。业务部主管立即找到客服部门，希望客服部能进行相应的会员数据分析，为提高商场交易金额、会员营销精准度等提供决策支持。客服部主管王经理安排张林负责整理会员的相关数据，并完成分析。

任务分析

影响门店交易金额的要素中，购买率、客单价等都与会员数据紧密相关。对于有潜力的顾客，通过数据挖掘分析，发现他们的消费潜力和提升空间，采取有针对性的营销措施，提升这些消费者的消费金额和对门店的利润贡献，同时还能增加消费者对门店的好感、忠诚度和黏连度。对于高价值、高利润的顾客，可通过数据挖掘分析，明确圈定最有可能流失的顾客人群，提前预警，降低流失的风险。基于目标门店的实际情况，需收集整理会员数据，包括会员的占比类型、消费金额、储值金额、积分情况等。对整理过的会员信息进行分析得出相应的结果，为企业决策提供依据。

任务操作

一、收集整理会员数据

选择本地一家连锁企业进行会员数据收集，数据可包含该门店会员占比类型、消费金额、储值金额、积分情况等，请剔除无效数据后，完善表3－13所示的会员数据表。

表3－13　会员数据表

会员姓名	会员等级	上季度消费频次（次）	上季度累计消费金额（元）	储值金额（元）	累计积分	备注
张云	中级	2	689	523	13 984	
赵梅	初级	1	238	729	2 858	
……						

二、会员类型占比分析

根据表3－13中会员类型数据进行占比分析，请完善表3－14，并通过饼图呈现。根据饼图所呈现的占比情况，分析目标门店会员组成框架的合理性。

表3－14　会员类型占比

会员等级	会员数量	销售额（元）	购物频率	客单价（元）	客单量
初级					
中级					
高级					
汇总					

三、会员类型细分

根据表3－14的数据进行分析，寻找高质量和潜力客户，完善表3－15。

表3－15　目标客户表

会员姓名	会员等级	上季消费频次（次）	单次消费金额（次）	……	目标客户	建议
赵梅	初级	1	238			
张云	中级	2	344.5			

续表

会员姓名	会员等级	上季消费频次（次）	单次消费金额（次）	……	目标客户	建议
李川	中级	3	430			
肖小	初级	3	532		潜力客户	提高其会员等级
唐华	中级	3	768		高质量客户	重点维护，提高黏性
吴强	高级	5	847.6		高质量客户	
……						

任务思考

对于门店会员来说，还有哪些有效数据？基于上述数据还可以进行哪些分析？

训练任务 2-3 顾客分级与 RFM 模型应用

任务目标

1. 掌握顾客分级管理的常见方法；
2. 能够运用 RFM 模型进行分类管理。

任务背景

王一鸣在广州某连锁大卖场企划部工作，该公司目前仅在广州就拥有 100 万会员，而且还在不断增长过程中。但是每次公司在搞会员活动的时候，总有人不满意，甚至有人抱怨公司频繁地给他推送信息，很烦人。另外还有的顾客非常精明，总是在打折的时候过来购买特价的会员专属商品。公司也很头疼，与其把整个客户群作为一个整体来分析，不如把他们分成同质化的群体，了解每个群体的特点，让他们参与相关的活动，公司觉得不能对会员一视同仁，应该分类管理。公司决定安排企划部利用 RFM 模型对所有会员做一个摸底分析。该任务最终交给了王一鸣。

任务分析

顾客分类是基于顾客的属性特征所进行的有效性识别与差异化区分。顾客分类通常依据顾客的社会属性、行为属性和值属性。按顾客对企业的价值来区分，对高价值的用户提供高价值的服务，对低价值顾客提供廉价的服务。对长期顾客采用优惠，对临时顾客进行宣传服务。对顾客进行分类有利于针对不同类型的顾客进行客户分析，分别制定客户服务策略。RFM 模型是衡量顾客价值和创利能力的重要工具和手段。在众多的客户关系管理（CRM）的分析模式中，RFM 模型是被广泛提到的。该模型通过一个顾客的近期购买行为、购买的总体频率以及花了多少钱 3 项指标来描述该顾客的价值状况。

任务操作

一、RFM 数据收集

根据所学内容，认真填写表 3－16。

表 3－16　顾客 RFM 数据

顾客 ID	最近消费（天）	消费频次（次）	消费金额（元）

二、RFM 赋值

根据每个 RFM 属性分别对这些顾客进行排序，从而对他们进行评分（假设我们使用 RFM 值将这些顾客从 1 ～ 5 进行排序）。

（1）使用最近消费（Recency）进行排名，见表 3－17。

表 3－17　最近消费标签级别

顾客 ID	最近消费时长	级别	最近消费得分

（2）根据消费频次（Frequency）（从最频繁到最不频繁）对顾客进行排序，见表 3－18。

表 3－18　消费频次标签级别

顾客 ID	消费频次	级别	消费频次得分

（3）在消费金额（Monetary）方面，排名前 20% 的顾客将得到 5 分，排名后 20%

的顾客得到 1 分，见表 3 - 19。

表 3 - 19 消费金额标签级别

顾客 ID	消费金额	级别	消费金额得分

（4）RFM 分数汇总如下，见表 3 - 20。

表 3 - 20 标签汇总

顾客 ID	最近消费得分	消费频次得分	消费金额得分

三、RFM 汇总

可通过结合客户的单个属性 R、F 和 M 的排名对这些顾客进行排序，从而得到一个聚合的 RFM 评分（根据实际业务场景性质，可以增加或减少每个 RFM 变量的相对重要性，以获得最终得分）。见表 3 - 21。

表 3 - 21 顾客分级

顾客 ID	顾客类型	RFM 得分

四、RFM 营销策略选择

请补充表 3－22。

表 3－22　基于顾客分组的营销策略建议

指标	顾客分组	营销策略	指标分段
R 值			
F 值			
M 值			

任务思考

RFM 是一种数据驱动的客户细分技术，可帮助营销人员做出更明智的战略性决策。但是在使用过程中，经常有人说顾客每两周来一次就算购物频率非常高了，但是有的经营者却说：目前我的顾客没有做到天天来，我好失败啊。请思考为什么会有如此大的差异。

训练任务 2-4 顾客动线分析

任务目标

1. 掌握卖场顾客动线调研和调节的方法；
2. 能够根据调研结果提出改进建议。

任务背景

某连锁大卖场已经开业，王辉是该卖场的店长，目前卖场门前客流量并不少，进店率也比较理想，问题是销售不太理想，所以王辉希望从顾客动线的角度对该店铺进行调查分析，并提出可行的改进建议。

注：各位授课老师可以从自己学校周边或者是和学校有合作关系的卖场中寻找一家业绩不太理想的卖场进行该项目训练。

任务分析

动线是指运动路线，顾客动线特指顾客运动路线，顾客动线调研是目前对卖场布局进行客观判断的最有效方法。它对店内顾客从进入卖场直到退出卖场的实际行走轨迹进行科学的测量、图示和分析，进而有效改善卖场布局。顾客动线调研不仅应用于卖场布局的调整，而且广泛应用于商品部门的品类管理、价格带调整、卖场磁石区的设计、理货员的配置、卖场生动化设计等诸多方面。在具体数据采集手段上，近年来发生了翻天覆地的变化，从最初的人工观察到现在的人脸识别和 Wi-Fi 探针技术，可以实现动线常规数据的自动沉淀，但是对于顾客行为的细节分析，目前还需要结合人工做进一步的深度观察。

任务操作

一、联系被调研的门店

选择当地某一超市，由实训指导教师积极联系该企业，企业提供详细的卖场布局图，实训指导教师带领学生团队进行顾客动线调研，以期帮助该超市做些改进。尽量选择那些经营问题、卖场问题突出，或具有一定代表性的样板店为主要调查对象。一个连锁企业的整体绩效和品牌形象的改进，并不体现在最好的店面，而是体现在最差的店面，改进它们最为迫切。而且这类门店的起点较低，在调研后很容易有显著改进，可大大提升小组士气，并吸引其他门店自发形成研究气氛。如果门店的数字化设备能够自动提供后续所需数据，可以直接进入数据分析环节；如果不具备现成的数据，请按步骤依次进行。

二、成立调查小组

实训指导教师担任此项活动的总指导和总指挥。将学生分成若干组，每组 4 人或者 5 人，设组长一名。实训指导教师明确各组负责调研的顾客动线。组长负责汇报本组的调研情况。

三、确定调研时间

一般顾客动线调研需要 150 ～ 200 份样本。实训指导教师可根据参加调研学生的具体数量决定调研时间的长短。尤其是调研的具体时间也要根据一天之间的客流规律有效分配。

四、培训学生

数据不准，分析得再好也属于无用功。因此培训首先要说明这项工作对实际营运的意义，在一开始就让组员明白：这个东西到底有什么价值？对于调研细节也要反复强调。顾客动线调研并不复杂，但细节可能会牵扯出大事。例如，现场不可能用文字记录顾客的所有动作，只能预先用符号代替。但如果组员不能熟练运用符号，那记录结果肯定一塌糊涂。再如，调研员如何不被顾客发现，也需要进行细致的安排，包括距离、站位、记录动作等。

五、设计调查表

追踪调查时，每人一份调查表，在其上详细记录顾客的行动路线，因此要求表格上中的每个项目设计都要精确、简略。调查表主要包括以下内容：

（1）严格比例的卖场布局简略图。有时需要测算出每个顾客在店内行走的准确距离，如果布局图没有严格比例，则数据必然失真。另外，必须标出卖场中所有商品部门和商品种类的准确位置。

（2）调查的时间，包括年、月、日、星期。调查的时刻，包括上午或下午几点几分至几点几分，以及顾客在店内滞留的时间。

（3）顾客的基本特征包括：

① 性别和目测年龄（最好标选“某个年龄段”）。

② 一同购物的顾客类型，大概判断是夫妇、母子、兄弟姐妹、朋友等。

③ 服装样式，如是普通生活装还是工作服。

④ 鞋的样式，如是公务鞋还是休闲鞋。

⑤ 是否使用推车、购物篮。

调查表设计出来后，不要急于投入使用。最好首先组织10人左右进行试验，发现不合理的内容或设计时，及时订正。确认所有内容都准确到位后，才能下发正式的客动线调查表。

六、开始调查

不能根据自己的喜好挑选顾客，而要按事先确定好的程序，如每隔5位或10位顾客去选定1位进行跟踪调查（注意：不能跟踪孩子）。1名调查员跟踪1名顾客，从他进入卖场开始，到退出卖场结束。一般情况下，调查员在顾客身后10～20m的位置进行观察。如果卖场布局紧凑，距离可缩短。当顾客发现自己被跟踪时，应立刻中断调查，以免引起误会。或者主动迎上，告诉顾客自己在做商品品牌调研，然后抽出一份品牌调研表来让其填写。这样即使他再看到你，也不会有防备了。调查开始时，调查员要首先把开始的时间和顾客的基本特征记录下来，并对顾客的具体行动进行详细记录，包括：

（1）顾客在什么位置停留。

（2）触摸哪些商品。

（3）挑选过哪些商品。

（4）在什么位置把什么商品放入购物篮。

（5）其他细节。

这些要全部用事先统一的符号，准确地标明在卖场布局图中。

七、调查结果整理

调查结束后要收集调查表，统计内容。统计的一个基本原则是用数据说话，调查内容的每一个环节都应该用百分比等数据化指标来表示。将调查区域的路线记录在每张布局图上，然后将调查区域的所有路线记录在一张布局图上，最后在总调查区域布局图纸的每个区域标注进店顾客总数、通过总数、停留总数、购物总数并在路线的右边同时标注其比率。这样经营者就可以从一张布局图上看到区域和货架的购物动线调查信息了。

八、调查结果分析

对调查的结果进行分析，见表 3－23。

表 3－23　客动线指标分析

卖场区域	通过率（%）	停留率（%）	购买率（%）	指标解读	改进建议
区域 1					
区域 2					
区域 3					
区域 4					
……					

任务思考

顾客动线分析不仅仅分析通过率、停留率和购买率，还可以进一步细化，请大家思考：还可以分析哪些指标？另外，当顾客动线出现问题时，商家可以采取哪些相应的对策？

训练任务 2-5 顾客流失分析

任务目标

1. 能根据顾客的消费轨迹统计顾客流失情况；
2. 能根据流失统计分析原因，并提出改进建议。

任务背景

张林毕业后在当地一家综合性商场的客服部工作，近期公司发现商场客流量有所减少。经过调查发现每个周期都有一定数量的新增客户，但总的客流量仍有减少，问题出在哪里呢？商场要求客服部针对顾客流失情况查明原因，客服部主管王经理安排张林负责，根据顾客的消费轨迹进行不同周期的流失统计，并剖析其原因。

任务分析

想要降低顾客流失率，从流程上来说，要及时监控顾客流失数据，找到顾客流失的环节，确定顾客流失的原因，这样才能对症下药。不同企业对流失的定义不同，所以首先要明确目标企业对流失的定义；然后可通过顾客历史购买记录统计出流失情况。而流失也分刚性流失、体验流失和竞争流失，通过对流失统计对比分析，找到对应的流失类型，找到流失的原因。

任务操作

一、明确企业流失的定义

如连续两个月未产生消费记录，将获得的原始顾客历史购买数据进行整理，如表 3－24 所示。

表 3－24 顾客消费轨迹统计表

顾客编码	每月消费金额											
	1	2	3	4	5	6	7	8	9	10	11	12
21353	1 356	2 346	564	376	961	4 468	0	0	2 490	921	505	3 211
58153	1 562	1 324	843	417	358	211	0	268	0	0	0	0
58257	3 902	4 822	1 034	3 210	4 920	1 904	2 188	1 571	2 358	3 786	0	0
85628	0	0	4 646	3 465	13 45	734	980	567	1 236	579	9 706	2 543
28465	934	0	0	467	546	327	635	0	0	0	457	346
……												

二、统计流失数据

根据表 3－24，统计每个顾客的流失情况，得到表 3－25。

表 3－25 顾客流失统计表

顾客编码	顾客等级	流失时长（月）	后续消费	投诉记录	……
21353	中级	2	是	否	
58153	中级	4	否	是	
58257	高级	2	否	否	
85628	高级	2	是	否	
28465	初级	3	是	是	
……					

三、分析流失原因

根据表 3－25 的统计情况，结合顾客实际购买明细，试分析原因，并提出改进建议，完成表 3－26。

表 3-26 流失原因分析表

顾客编码	流失类型	流失原因	对策建议
21353			
58153			
58257			
85628			
28465			
……			

任务思考

根据不同的流失原因，进一步思考各种可能的对策。

工作任务三

3

客户关系管理

训练任务 3-1　顾客档案建立

任务目标

1. 能建立详细的顾客档案；
2. 能进行合理的顾客筛选；
3. 能够运用 ABC 法管理客户。

任务背景

顾客档案管理也需要数据化、精细化、系统化，完善顾客的档案，并对其进行筛选，对不同顾客采用不同的管理方法。某企业研发保健品、化妆品，有一定的知名度。产品主要针对 30 ～ 55 岁中等以上收入的家庭。假设你在该公司销售部门工作，公司要求你收集 30 ～ 55 岁顾客的基本资料。（在实际教学过程中，教师可采用小型合作企业或其他背景材料。）

任务分析

顾客档案管理的内容：客户基础资料、产品结构、市场竞争状况及市场竞争能力与交易状况等一系列的相关资料，并进行分析、归类、整理、评价。顾客档案管理就是对顾客信息的收集、整理，并准确传递给销售人员，资料信息流程：顾客—收集—业务员传递—上级领导（或档案管理员）—反馈—业务员。对顾客档案管理工作，要坚持动态管理、重点管理、灵活运用以及专人负责。 学生每 4 人或者 5 人为一个小组，根据教师所提供的任务背景和相关材料，在校外随机寻找 30 名路人进行资料采集，将收集的资料迅速归档，将客户分级后筛选出 A、B、C 类客户。

任务操作

一、顾客信息收集

收集门店顾客的信息资料后，需要对这些资料信息进行分类、整理，并建立一系列信息卡，主要有顾客资料卡、顾客管理卡、顾客地址分类表、顾客等级分类表、客户投诉记录表等，建立客户名册（由顾客登记卡和顾客信息一览表组成）。以下是一份顾客信息一览表，请进一步完善表头设计和具体内容。见表3-27。

表3-27 顾客信息一览表

顾客ID	信息1	信息2	信息3	信息4	信息5	……	备注

二、建立档案

表3-27中的每一大类都必须填写完成目录和编号，以备查询和进行资料管理。顾客档案每年应分季度进行清理，请在CRM系统中录入顾客信息，建立顾客档案。

三、客户分类

将客户分级，筛选出A、B、C类客户。见表3-28。

表3-28 顾客分类一览表

顾客ID	顾客类别	顾客特征	应对措施
顾客甲	A类		
顾客乙	B类		
顾客丙	C类		
顾客丁	……		
……	……		

A类客户。A类客户代表"重要的少数"，它是指通过ABC法则，在目标客户群中选取重点细分客户。对A类客户要投入相当于竞争对手两倍的人力、物力和财力。

B类客户。B类客户是数量和质量介乎C类和A类之间的客户。通常要把对这类客户的跟踪工作作为管理的重点，不时地拜访他们，听取他们的意见和建议。

C类客户。C类客户是"琐碎的多数"，这类客户量多而价值低。对于这类客户不宜有过多的管理，但也不能缺少关注。

任务思考

顾客档案是帮我们分析顾客、了解顾客、掌握顾客的重要渠道。顾客档案是不是一定要我们自己收集？可不可以外购或者说通过其他途径获取？另外随着大数据时代的到来，顾客的碎片化信息越来越多，如何进行整合？请针对顾客档案建立、补充、查询、更新等工作，提出相应建议。

训练任务 3-2 CRM 企业运用

任务目标

1. 能够基于生命周期对顾客进行分类；
2. 能够对活跃期采取针对性措施。

任务背景

国际上一些非常权威的研究机构，经过深入的调查研究以后分别得出了这样一些结论："把客户的满意度提高 5 个百分点，其结果是企业的利润增加一倍"；"一个非常满意的客户其购买意愿比一个满意客户高出 6 倍"；"2/3 的客户离开供应商是因为供应商对他们的关怀不够"；"93% 的企业 CEO 认为客户关系管理是企业成功和更有竞争能力的最重要的因素"。唐强所在的连锁企业在 ×× 市拥有 120 万会员，渗透率已经居行业高位，而且随着引流成本的上升，获取更多的新顾客到店，或者说导入更多的流量到企业线上平台并提高转化越来越难，公司决定派唐强去行业代表性企业做一个有关 CRM 的企业运用调研摸底，以对本公司有所帮助。

任务分析

企业的经营过程也是经验累积的过程，经营多年的企业都有一定的 CRM 管理实施经验，所以总结经验是非常必要的。调查企业目前的 CRM 实施现状，可以为企业开展顾客服务与管理流程再造提供基础材料。通过本次实训，学生能够对 CRM 有一个更为感性具体的认识，掌握客户关系管理系统的软件体系结构，并针对实际企业的需求进行客户关系管理系统的设计和开发，锻炼合作开发能力。

任务操作

一、调查对象的确定

调查对象主要是承担该项工作的人员，如企业高层销售管理者、销售部门经理、销售员，以及相关的技术人员、财务人员，甚至是相关信息的处理、管理者（企业顾客管理信息系统的管理员）等。

记录研究过程，列出调查对象名单（可另附页）。

二、调查活动的实施

由于调查人员是企业的员工，所以可以通过访谈法和会议法等直接面对面地收集相关资料。

记录对每个人的访谈内容和过程。如果是会议形式，留下详细的会议记录（可另附页）。

三、调查的内容

调查的内容包括企业顾客管理制度、管理流程、管理方式，历年的评价结果，尤其是信息内容及反馈系统的适应性。

详细描述得到的企业顾客管理制度、管理流程、管理方式和历年的评价结果（可另附页）。

四、总结

企业 CRM 现状评价（可另附页）。

____

____

____

____

____

____

任务思考

企业 CRM 业务流程再造是企业开展 CRM 服务与管理活动的最终结果，试对该企业进行 CRM 业务流程再造（包括再造原则设计和思路设计、具体内容设计）。

____

____

____

____

____

____

工作领域四

门店 QSC 建设与现场管理

知识导图

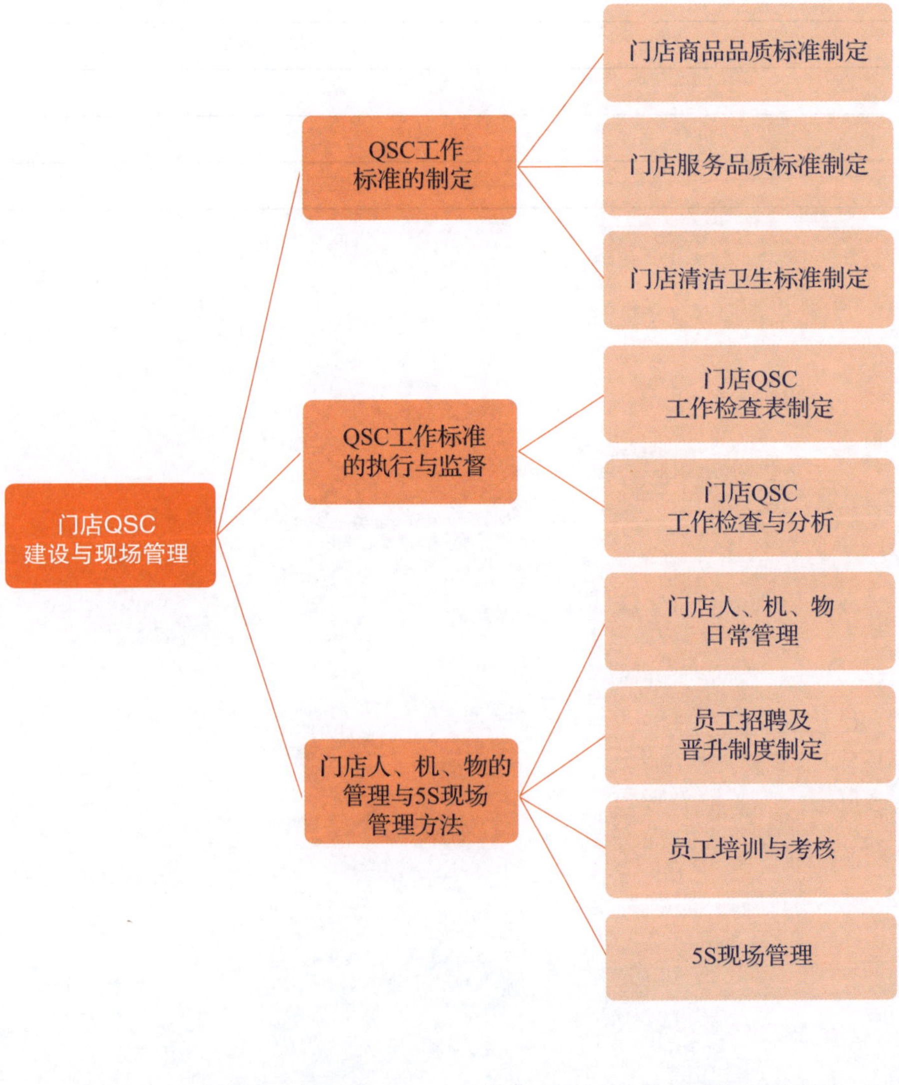

工作任务一 1

QSC 工作标准的制定

训练任务 1-1 门店商品品质标准制定

任务目标

1. 能掌握商品从入店到出店的流程;
2. 能制定门店商品品质的工作标准。

任务背景

许超大学毕业后进入某连锁餐饮公司工作，公司发展迅速，分店越来越多，许超这两年一直在总部以及门店的岗位上轮岗锻炼，随着对各环节工作内容的熟悉，公司派他到外埠负责新门店的运营。到新门店就任之后，许超发现新门店的商品质量与他原来所在门店的有很大差异，尤其是在客流高峰的时候，商品的口感更是不如平时，许超意识到，一定是商品的品质出现了问题，或者说，这家门店的商品质量与整个公司的商品品质不一致，公司的品控出了问题。许超意识到，这可能是外埠门店的共性问题，尤其是对于离总部较远的门店更容易出现此类问题，公司必须考虑商品品质标准的制定，这件事情，将从他所在的这家门店开始。

任务分析

以现代市场观念来看，商品品质是商品质量、外观质量、社会质量和经济质量等方面内容的综合体现。一般来说零售企业的商品由供应商提供，零售商要对其进行检验，以保证在售商品的品质，并做好质量记录。门店制定商品品质标准时，应确保从门店提供给顾客的是最安全优质的商品。门店商品质量记录在反映商品质量和管理运营情况的同时，还应保证质量事故发生后具有可追溯性，便于分析查找原因，制定改进措施，所以在做质量记录时一定要保证真实、有效且由专门的质量管理人员进行检查和整理。对于零售商自己加工生产的商品，零售商更要做好全程品控。在具体标准制定的过程中，首先需要分析商品流转的全部环节，然后在每个环节上制定相应的标准。

任务操作

一、商品从入店到出店的流程分析

表 4－1 罗列了商品从入店到出店的流程，请填写该流程主要完成的工作任务。

表 4－1　门店商品流程工作任务

序号	环节	工作任务
1	进货	
2	收货	
3	加工	
4	销售	
5	售后	

二、提出对策

分析每个环节商品品质保障的注意事项，并初步提出改进的对策建议，完成表 4－2。

表 4－2　门店商品品质保障建议

序号	环节	保障建议
1	进货	
2	收货	
3	加工	
4	销售	
5	售后	

三、综合训练

请结合具体门店，完成下列任务。

××连锁企业门店商品质量管理制度

一、商品进货验收管理规定

（一）目的：

（二）范围：

（三）职责：

（四）内容：

1.

2.

3.

二、商品陈列销售质量管理规定

（一）目的：

（二）范围：

（三）职责：

（四）内容：

1.

2.

3.

三、商品养护管理质量管理规定

（一）目的：

（二）范围：

（三）职责：

（四）内容：

1.

2.

3.

任务思考

一般情况下，每次商品发生位移的时候，都是门店商品品质需要着重关注的时刻。除这些外，还有哪些关键时刻是门店商品品质特别需要重视的呢？

（提示：商品储存与季节变化、商品有效期等。）

训练任务 1-2　门店服务品质标准制定

任务目标

1. 能够掌握服务品质传递系统；
2. 能够提炼真实瞬间的注意事项；
3. 能够制定门店服务品质标准。

任务背景

许超在制定商品品质标准时意识到，其实在一定程度上服务品质的保证比商品品质的保证更难，下一步还必须进一步完善服务品质，这件事情，依然是从他所在的这家门店着手。

任务分析

门店服务质量由服务的技术质量、职能质量、形象质量和真实瞬间构成，由感知质量与预期质量的差距所体现。制定门店服务质量标准可以从不同角度和侧面细化进行，主要关联以下两个方面：一是服务流程层面，即服务的传递系统，向顾客提供满足其需求的各个有序服务步骤，服务流程标准的建立，要求对适合这种标准的目标顾客提供相同步骤的服务。二是具体服务层面，即在各个服务环节中人性的一面，在一项服务“接触”或“真实瞬间”中，服务人员所展现出来的仪表、语言、态度和行为等。

任务操作

一、标准化服务流程设计

服务流程从总体来看可以分为售前、售中和售后，但是在具体操作的过程中，还应该进一步细分，应该着眼于整体的服务，采用系统的方法，通过改善整个服务体系内的分工和合作方式，优化整个服务流程，从而提高服务效率。表 4－3 罗列了可能的服务流程，请补充该表。

表 4－3　门店服务流程设计

序号	阶段	环节	服务内容
1	售前		
2	售中		
3	售后		

二、标准化服务设计

服务通常是作业与消费同步进行的，如美容店的服务在没有出售前是不能提供出来的，服务在作业的时候才被消费。这种同步性也意味着较高的顾客参与度，服务的质量与顾客满意度将在很大程度上依赖于“真实瞬间”的情况，如果能在这些“接触瞬间”提炼出可以标准化的部分，对企业本身而言无疑是一大挑战，同时也会成为服务的亮点。“接触点”的服务标准化，主要体现为服务人员的仪表、语言、态度和行为标准等，请按照上述思路，结合某具体门店，完成表 4－4。

表 4－4　门店服务标准设计

序号	阶段	环节	服务标准	
1	售前		语言	
			动作	
			态度	
		……	……	……

续表

序号	阶段	环节	服务标准	
			语言	
1	售前		动作	
			态度	
			语言	
			动作	
			态度	
2	售中	……	……	……
			语言	
			动作	
			态度	
			语言	
			动作	
			态度	
3	售后	……	……	……
			语言	
			动作	
			态度	

任务思考

服务质量是服务营销的核心，也是 QSC 的重点之一。无论是有形产品的生产企业还是服务业，服务质量都是企业在竞争中的制胜法宝。除服务质量标准的规定外，还有哪些可以提高服务质量的渠道？

（提示：立足消费者心态、换位思考等。）

训练任务 1-3 门店清洁卫生标准制定

任务目标

1. 能够分析消费者对不同收银以及支付方式的喜好；
2. 能够基于 POS 数据分析整理不同商品之间的关联；
3. 能够基于 POS 数据分析整理短期内营收的变化和趋势。

任务背景

许超完成了商品品质标准、服务品质标准的制定后，觉得应该开始着手制定清洁卫生标准了，尤其是对于像他们这样的餐饮门店，卫生清洁更是重中之重。

任务分析

清洁状况不仅包含从业人员的卫生和健康管理，还包括作业环境、售卖环境、展示环境以及设施设备的清洁、消毒和维护保养等。清洁标准是引导和推动连锁门店清洁加工服务的需要，也是加强卫生质量全过程控制的需要。

任务操作

一、个人卫生标准设计

建立门店个人卫生检查制度，对工作人员个人的卫生情况坚持定期检查，请结合具体门店完成表 4－5。

表 4－5　门店个人卫生标准设计

序号	项目	注意事项
1	证照	
2	头发	
3	胡须	
4	指甲	
5	手	
6	着装	
7	……	

二、清洁区域标准设计

根据门店工作场位的差异性，要严格区分清洁作业区和一般工作区，划分清洁目标，完成表 4－6。

表 4－6　门店区域卫生标准设计

序号	区域	具体位置	注意事项
1	前场		
2			
3			
4	中场		
5			
6			
7	后场		
8			
9			

三、落实清洁制度

清洁制度中应设定时清、日清、周清这三个基本要求，包含清洁次数、频率、环节。根据门店的具体情况，合理制定清洁程序表，见表 4－7。

表 4-7 门店 ×× 区域清洁程序表

序号	步骤	操作内容	注意事项
1			
2			
3			
4			
5			
6			
7			
8			

四、综合训练

请根据选定企业的具体情况，合理制定 ×× 企业卫生清洁管理制度。

×× 企业卫生清洁管理制度

一、个人卫生标准

1.
2.
3.

二、商品及陈列卫生标准

1.
2.
3.

三、场地、设备卫生标准

1.
2.
3.
4.

四、作业卫生标准（按区域规定）

1.
2.
3.

五、清洁工作流程（按时间顺序）

1.
2.
3.

六、月度服务项目（按实际需求制定）

1.
2.
3.

任务思考

清洁管理是企业标准化管理的第一步，创造舒适明亮的门店环境，能为企业带来怎样的好处呢？

（提示：创造舒适明亮的门店环境，能提升门店及公司的整体形象，增强顾客信赖，为员工提供良好的工作场所，提高员工的工作效率，也有利于形成“人人积极参与，事事遵守标准”的企业文化。）

工作任务二 2 QSC 工作标准的执行与监督

训练任务 2-1 门店 QSC 工作检查表制定

任务目标

1. 掌握管理与统筹门店现场人员日常工作要点；
2. 能够制定衡量门店 QSC 工作的相关检查表。

任务背景

许超已经制定了 QSC 工作标准。下一步就是，跟进了解门店现场工作要点和执行 QSC 工作标准存在的问题，制定合理有效的衡量门店 QSC 工作的相关检查表，有效提高门店 QSC 水平。

任务分析

通常，提高 QSC 水平和顾客满意度，需要在根据实际情况建立了 QSC 标准之后对标准进行严格的执行。控制的过程包括：确定控制目标，建立控制标准；衡量实际工作，获取偏差信息；分析偏差原因，采取纠正措施。本任务主要采用巡店检查表的方式来衡量门店 QSC 工作的监督与执行情况。

任务操作

一、制定商品品质巡店检查表

根据所属行业及门店实际工作，制定商品品质巡店检查表。根据检查内容设定分值，在检查时根据实际执行情况进行打分，需要整改的问题写在表 4－8“问题描述”一栏中。

表 4－8　商品品质巡店检查表

检查门店：　　　　　　　　　　　　　　　　　　　　检查日期及时间：

店长：　　　　　　　　　　　　值班经理：　　　　　　合格率：

序号	检查内容	分值	得分	问题描述
例如	商品的标牌是否正确	1		
1				
2				
3				
4				
5				
6				
7				
8				
9				
10				
11				
12				
13				
14				
15				
16				
17				
18				
19				
20				

店长签字：　　　　　　　　　　　区域督导员签字：　　　　　　　　　　检查人签字：

二、制定服务品质巡店检查表

根据所属行业及门店实际工作，制定服务品质巡店检查表。根据检查内容设定分值，在检查时根据实际执行情况进行打分，需要整改的问题写在表 4－9“问题描述”一栏中。

表 4－9 服务品质巡店检查表

检查门店： 检查日期及时间：
店长： 值班经理： 合格率：

序号	检查内容	分值	得分	问题描述
例如	顾客上门及离开是否使用礼貌用语	2		
1				
2				
3				
4				
5				
6				
7				
8				
9				
10				
11				
12				
13				
14				
15				
16				
17				
18				
19				
20				

店长签字： 区域督导员签字： 检查人签字：

三、制定清洁卫生巡店检查表

根据所属行业及门店实际工作，制定清洁卫生巡店检查表。根据检查内容设定分值，在检查时根据实际执行情况进行打分，需要整改的问题写在表 4－10“问题描述”一栏中。

表 4－10 清洁卫生巡店检查表

检查门店： 检查日期及时间：
店长： 值班经理： 合格率：

序号	检查内容	分值	得分	问题描述
例如	店面外围是否清洁	2		
1				

续表

序号	检查内容	分值	得分	问题描述
2				
3				
4				
5				
6				
7				
8				
9				
10				
11				
12				
13				
14				
15				
16				
17				
18				
19				
20				

店长签字：　　　　　　　　　　区域督导员签字：　　　　　　　　　　检查人签字：

任务思考

制定 QSC 工作检查表后，在进行相关现场监督与执行时，除依照检查表打分评估外，还需要做些什么，可以更好地提高门店 QSC 的水平？

（提示：检查的目的是帮助门店做好 QSC 管理，提高门店收益，绝非“鸡蛋里挑骨头”。在有效沟通的前提下进行标准化的示范或操作，往往能事半功倍。）

训练任务 2-2 门店 QSC 工作检查与分析

任务目标

1. 能够针对门店 QSC 工作的执行情况进行检查；
2. 能够有效落实 QSC 标准，提高门店 QSC 水平。

任务背景

许超已经制定了 QSC 工作标准以及相应的检查表。通过检查发现，部分区域和人员对于门店执行 QSC 工作标准存在一定的误区和想法。下一步就是，跟进了解门店现场工作要点和在执行 QSC 工作标准时存在的问题，持续跟进，以便有效提高门店 QSC 水平。

任务分析

通常，针对实际工作情况衡量以后会发现一些问题。此时，将衡量的结果与标准进行比较，发现实际情况与标准之间的偏差，重点分析产生偏差的原因，针对偏差采取有效的纠偏措施，更好地提高门店 QSC 水平。

任务操作

一、对标找差

列明检查结果，对标找差，完成表 4－11。

表 4－11　门店 QSC 问题汇总

商品品质		服务质量		清洁卫生	
问题	执行标准	问题	执行标准	问题	执行标准
商品标牌不正确	商品与标牌对应	新员工未佩戴工牌	佩戴工牌上岗	门店高处有灰尘	门店门窗清洁

二、进行归因和整改

针对问题进行归因和整改，并完成表 4－12。

表 4－12　门店 QSC 问题归因分析表

商品品质			服务质量			清洁卫生		
问题	归因	处理建议	问题	归因	处理建议	问题	归因	处理建议
商品标牌不正确	门店执行标准力度不够	加强门店QSC检查中该项目分值	新员工未佩戴工牌	员工物料配给执行不够	加强各部门协作，纳入部门考核	门店高处卫生不达标	员工培训不到位	增强岗前培训技能

任务思考

制定 QSC 工作标准后，从总部到门店逐步地推进到落实，再到高效完成 QSC 工作标准，通常需要有一段过渡期，其间会产生各种偏差，需要采取恰当的纠偏措施。试想一下，通常会有哪些偏差呢？其原因如何？又该如何处理呢？

（提示：一般来说，执行标准的偏差主要是标准执行得不力或标准本身制定得不合理。管理者或制定标准的人员可以根据出现偏差的原因修订原有计划或标准，或改进工作绩效以进行调整与控制。）

工作任务三

3

门店人、机、物的管理与5S现场管理方法

训练任务 3-1 门店人、机、物日常管理

任务目标

1. 能够进行门店人的管理；
2. 能够进行门店 5S 现场管理。

任务背景

随着各项工作的正常推进，许超开始思考另外一个问题，那就是，门店的日常管理实际上就是对“人、机、物”的管理，但是这些管理，必须有一个系统的规划，许超又开始了新的探索。

任务分析

连锁门店的经营，无论是制作加工产品、操作设备、销售商品还是服务顾客，都需要通过人来完成。因此要保障门店的正常运转，首先要做好人员的管理与统筹。在门店中，每一个工作人员都要具备安全使用卖场电器设备、保养与维护电器设备的强烈意识。因此，工作人员要对连锁超市与便利店使用最广泛的空调、冷冻冷藏设备、日光灯等电器设备的功能、正确使用方法及维护等具备基本的常识。进货与存货是门店销售的基础，这两项工作将直接影响门店的经营绩效。门店的进货作业管理主要包括订货、进货、收货、退换货和调拨等作业。门店的存货管理主要包括仓库作业管理、退货作业管理、调拨作业管理和盘点作业管理等。

任务操作

一、门店人的管理

（1）完成门店员工排班表（见表 4 - 13）的填写。

表 4 - 13　排班表

工号	姓名	职务	日期																																备注
			1	2	3	4	5	6	7	8	9	10	11	12	13	14	15	16	17	18	19	20	21	22	23	24	25	26	27	28	29	30	31	

排班人：　　　　　　　　　　　　　　　　　　　　　　　店长（审核）：

（2）完成门店员工考勤表（见表 4 - 14）的填写。

表 4 - 14　考勤表

工号	姓名	职务	日期																																备注
			1	2	3	4	5	6	7	8	9	10	11	12	13	14	15	16	17	18	19	20	21	22	23	24	25	26	27	28	29	30	31	

排班人：　　　　　　　　　　　　　　　　　　　　　　　店长（审核）：

（3）完成门店员工情况记录表（见表 4 - 15）的填写。

表 4－15　员工情况记录表

______年______月—______年______月

工号	姓名	现任岗位	现任岗位晋级时间	业绩						门店打分排名						培训成绩	备注
				__月	__月	__月	__月	__月	__月	__月	__月	__月	__月	__月	__月		

记录人：　　　　　　　　　　　　　　　　　　店长（核分人）：

二、门店的设备管理

（1）填写常用电器每日使用情况记录表（见表 4－16）。

表 4－16　常用电器每日使用情况记录表

常用电器	养护要求	执行时间	检查人
日光灯	闭门断电		
射灯	闭门断电		
广告灯箱	闭门断电		
空调	检测门店温、湿度		

（2）填写常用电器日常维修记录表（见表 4－17）。

表 4－17　常用电器日常维修记录表

常用电器	异常情况描述	登记人	故障原因	维修时间	维修人员
日光灯					
射灯					
空调					

（3）填写常用电器使用及培训计划表（见表 4－18）。

表 4－18 常用电器使用及培训计划表

培训内容	培训人员	时间	备注
卖场电器使用及维护	新员工	新员工培训（× 月 × 日—× 月 × 日）	
卖场电器简单维修			
卖场电器维修及保修			

三、门店商品管理

（1）填写有关收货作业管理的表（见表 4－19 至表 4－22）。

表 4－19 订货计划表

门店名称： 商品类别： 填表日期： 填表人：

品种	货号	供应商编号	规格	数量	单价	金额期	购进方式	提货方式	订货日期	到货日期

表 4－20 货品验收单

门店名称： 商品类别： 填表日期： 填表人：

品种	货号	供应商编号	规格	计划数量	验收数量	数量差额	差额原因	处理方法	验收人签字

表 4－21 企业调拨单

调出门店： 调入门店： 填表日期： 填表人：

品种	货号	商品名称	规格	单位	数量	单价	总金额（元）	调拨时间	送货地址
合 计									

调出人： 接收人： 店长：

表 4－22　退换货通知单

<table>
<tr><td>退换货时间</td><td colspan="2"></td><td>经办人</td><td></td></tr>
<tr><td>退换货门店</td><td colspan="2"></td><td>联系方式</td><td></td></tr>
<tr><td>申请属性</td><td colspan="4">□退货　　□换货　　□维修</td></tr>
<tr><td>序号</td><td>产品名称</td><td>产品型号</td><td>数量</td><td>备注</td></tr>
<tr><td></td><td></td><td></td><td></td><td></td></tr>
<tr><td></td><td></td><td></td><td></td><td></td></tr>
<tr><td></td><td></td><td></td><td></td><td></td></tr>
<tr><td>退换货原因</td><td colspan="4"></td></tr>
<tr><td colspan="5">店长意见：

店长：
年　月　日</td></tr>
<tr><td>收货人确认签名</td><td colspan="4"></td></tr>
<tr><td>备注</td><td colspan="4"></td></tr>
</table>

（2）填写有关存货作业管理的表（见表 4－23 和表 4－24）。

表 4－23　存货表

________月第________次盘点表

年　月　日　　　　　　　　　　　第　页

<table>
<tr><th rowspan="2">品种</th><th rowspan="2">货号</th><th rowspan="2">品名</th><th rowspan="2">单位</th><th colspan="3">盘点情况</th><th rowspan="2">备注</th></tr>
<tr><th>数量</th><th>单价</th><th>金额（元）</th></tr>
<tr><td></td><td></td><td></td><td></td><td></td><td></td><td></td><td></td></tr>
<tr><td></td><td></td><td></td><td></td><td></td><td></td><td></td><td></td></tr>
<tr><td></td><td></td><td></td><td></td><td></td><td></td><td></td><td></td></tr>
<tr><td></td><td></td><td></td><td></td><td></td><td></td><td></td><td></td></tr>
<tr><td></td><td></td><td></td><td></td><td></td><td></td><td></td><td></td></tr>
<tr><td></td><td></td><td></td><td></td><td></td><td></td><td></td><td></td></tr>
<tr><td></td><td></td><td></td><td></td><td></td><td></td><td></td><td></td></tr>
<tr><td></td><td></td><td></td><td></td><td></td><td></td><td></td><td></td></tr>
<tr><td></td><td></td><td></td><td></td><td></td><td></td><td></td><td></td></tr>
<tr><td></td><td></td><td></td><td></td><td></td><td></td><td></td><td></td></tr>
<tr><td></td><td></td><td></td><td></td><td></td><td></td><td></td><td></td></tr>
<tr><td colspan="6">本页小计</td><td></td><td></td></tr>
</table>

账户应存金额：　　　　　　　　点存合计金额：　　　　　　　　差额：（+/–）

复核：　　　　　　　　　　　　　　　　　　　　　　　　　　　制表：

表 4－24　坏品处理意见表

年　月　日　　　　　　　　　　　　　第　页

品种	货号	品名	单位	数量	单价（元）	金额（元）	备注
坏品原因							
处理意见： 经办人： 年　月　日							
店长意见及签名							
备注							

任务思考

门店经营过程中离不开好的设备与设施，更离不开设备与设施的合理使用和养护。在日常养护过程中，有哪些需要提醒员工注意的事项？新零售时代的门店高效运作与商品的进销存管理密不可分，除日常门店的运营管理外，数字化管理系统可以为门店带来哪些具有参考价值的数据呢？

（提示：请从人身安全、用电安全、节能环保的角度去思考。尝试从数据的横向、纵向对比，结合晨会的简要数据分析进行销售布局去思考。）

训练任务 3-2　员工招聘及晋升制度制定

任务目标

1. 能够结合门店实际空岗缺编情况进行人员岗位招聘；
2. 能够根据门店运营需求，制定岗位晋升机制等。

任务背景

许超在外埠门店的工作获得了总部的高度认可，总部决定调他回人力资源部工作，与人力资源部的其他员工共同解决一个难题——公司快速发展中的人才储备问题。

任务分析

人才储备是所有快速发展中的连锁企业不得不面临的问题，按照战略发展规划，公司应该配置多少员工，目前缺口有多大，如何吸引更多的人才加入公司，进来之后如何培训，如何晋升，如何留下来一步一步成长为公司希望的人才，这都是团队建设必须考虑的问题。

任务操作

一、门店岗位人员需求统计

根据“三定”管理制度“定机构、定岗位、定编制”的要求，结合连锁门店已有人员数量、门店面积、平效等数据综合考虑，向总部进行新招人员申请，通过后才可以进行总部招聘或门店自主招聘。请结合具体公司业务完成表 4－25 的填写。

表 4－25 门店岗位人员需求统计表

<table>
<tr><th>门店</th><th>岗位</th><th>岗位职责</th><th>应配人数</th><th>实际人数</th><th>缺岗人数</th></tr>
<tr><td rowspan="7">××门店
（面积：　）</td><td>店长</td><td></td><td></td><td></td><td></td></tr>
<tr><td>副店长</td><td></td><td></td><td></td><td></td></tr>
<tr><td></td><td></td><td></td><td></td><td></td></tr>
<tr><td></td><td></td><td></td><td></td><td></td></tr>
<tr><td></td><td></td><td></td><td></td><td></td></tr>
<tr><td></td><td></td><td></td><td></td><td></td></tr>
<tr><td></td><td></td><td></td><td></td><td></td></tr>
</table>

二、员工晋升渠道规划

员工晋升制度的制定需要结合总部人力资源部门的基本要求、企业的职系等级和门店工作的实际目标进行全面的思考和布局。帮助员工规划发展空间，对于企业留住优秀人才并激励其上进，营造良好的团队环境，树立共同目标有极大的帮助。请结合公司的具体业务完成表 4－26。

表 4－26 员工晋升规划表

<table>
<tr><th>职业生涯成长阶段</th><th>相关岗位</th><th>历练时长</th><th>主要职责</th><th>培训项目</th><th>评价考核内容</th><th>晋升考核内容</th></tr>
<tr><td rowspan="2">入职期</td><td>实习店员</td><td></td><td></td><td></td><td></td><td></td></tr>
<tr><td>初级店员</td><td></td><td></td><td></td><td></td><td></td></tr>
<tr><td rowspan="2">融入期</td><td></td><td></td><td></td><td></td><td></td><td></td></tr>
<tr><td></td><td></td><td></td><td></td><td></td><td></td></tr>
<tr><td rowspan="2">深耕期</td><td></td><td></td><td></td><td></td><td></td><td></td></tr>
<tr><td></td><td></td><td></td><td></td><td></td><td></td></tr>
<tr><td rowspan="2">成长期</td><td></td><td></td><td></td><td></td><td></td><td></td></tr>
<tr><td></td><td></td><td></td><td></td><td></td><td></td></tr>
<tr><td rowspan="2">发展期</td><td></td><td></td><td></td><td></td><td></td><td></td></tr>
<tr><td></td><td></td><td></td><td></td><td></td><td></td></tr>
<tr><td rowspan="2">稳定期</td><td></td><td></td><td></td><td></td><td></td><td></td></tr>
<tr><td></td><td></td><td></td><td></td><td></td><td></td></tr>
</table>

三、综合训练

请结合企业实际情况完成下列门店员工晋升制度：

××企业门店员工晋升制度

一、目的

二、适用范围

三、员工晋升的基本原则

四、公司的职系表

五、晋升周期

六、晋升条件

七、晋升流程

八、评审标准（可附评分表）

任务思考

团队建设初期的核心是执行力，团队的执行力体现在团队日常工作以及任务的执行上，团队中的每位成员都能高效地执行所安排的工作及任务。高效的团队的基本特点是严谨，团队应把严谨视作团队的灵魂，团队的严谨体现在工作态度和行为上，每一个工作都能以严谨的态度去做。团队定位与总体目标以及总体目标与个人目标之间的关系应该如何处理？

（提示：尝试从各个目标进行量化并分解进行思考。）

训练任务 3-3 员工培训与考核

任务目标

1. 能够对员工的基本技能和标准进行培训和考核；
2. 能够根据员工的培训、成长通道、学习计划等进行规划。

任务背景

许超在解决公司快速发展中的人才储备问题，目前人才招聘已经有了比较稳定的来源，接下来的关键是招来的人怎么培训，员工的成长效果如何评价。

任务分析

一个团队的潜力和能力是由团队的人员决定的，团队人员的素质基本决定了这个团队的前景。团队人员的素质、技能和心态，直接影响着团队的整体水平和工作效率，而人员的素质可以通过培训和团队协作得到提高，因此不但要有培训计划，更应该对员工进行阶段性的考核，针对优秀的员工进行晋升考核，以鼓励越来越多的员工明确目标，不断前行。

任务操作

一、员工能力培训计划

对于门店员工的业务和管理能力的逐步提升不但要有目标，还应给予较为完善的培训。在编制企业能力培养计划时，应结合企业的实际情况组织不同类型的培训，让员工的职业能力得到可持续性的发展，使每次培训都成为团队凝聚力得到提升的重要时机。请结合企业实际情况，完成表 4－27。

表 4－27　员工培训计划表

培训对象	培训主题	具体内容	目的	培训课时	培训方式	组织部门	备注
新员工或初级员工	制度培训	人事制度	了解企业办事流程	2 小时	线上＋考核	人力资源部门	
	职业化培训	职业心态	提高职业水平、树立良好心态	2 小时	讲座＋拓展	人力资源部门、运营部门	
		职业礼仪					
		团队意识					
中级晋升高级人员	制度培训						
	专业知识培训						
	管理知识培训						

续表

培训对象	培训主题	具体内容	目的	培训课时	培训方式	组织部门	备注
高级晋升店长	管理知识培训						

二、员工考核

考核有利于评价、监督和促进员工的工作，有明显的激励作用，为确定员工的劳动报酬与其他待遇提供科学依据；同时，为员工认识自我、促进员工的全面发展创造条件；有利于管理者了解下属，以便进行合理的岗位调整及职务晋升。考核要坚持客观公正的原则，建立正确的考核标准，运用科学的考核方法。另外，要注意考核结果的正确运用。请结合企业实际情况完成表 4－28。

表 4－28　员工考核表

总项目	项目细分	得分	考核标准
工作业绩	工作目标完成		
	工作效率		
	工作质量		
	执行情况		
工作能力	专业知识与技能		
	计划与组织能力		

续表

总项目	项目细分	得分	考核标准
工作能力	理解与判断能力		
	表达与沟通能力		
	创新与应变能力		
工作态度	工作积极性和工作责任心		
	团队协作		
	纪律性		
学习	学习与运用能力		

任务思考

新员工与老员工的团队建设应有所区别，新员工培训重在岗位职能及工作要求的认知上，那么老员工需要做哪些培训呢？

（提示：尝试从团队建设的视角去思考。）

训练任务 3-4 5S 现场管理

任务目标

1. 掌握 5S 现场管理的方法及操作要点；
2. 能够根据门店的场地和物品，进行 5S 科学管理。

任务背景

许超在门店工作时，门店在他的管理下越来越井井有条，为了进一步规范现场管理，门店决定推行 5S 现场管理，这项工作依然是从他负责的这家门店开始试行。

任务分析

连锁门店的现场管理活动中，事务较为琐碎，运用 5S 管理，从整理（Seiri）、整顿（Seiton）、清扫（Seiso）、清洁（Seiketsu）、素养（Shitsuke）五个方面培养员工规范的好习惯，帮助门店打下坚实的基础，提升综合竞争实力。

任务操作

一、整理

整理是指区分要与不要的物品，现场只保留必需的物品。对门店的现场进行各种物品的分类，把要与不要的物品分开，再将不需要的物品加以处理。检查后场，对办公区、休息区及仓库各个死角进行彻底搜寻和清理，达到现场无不用之物的目的。根据门店各区域列出必需物品清单。

前场必需物品清单	仓库必需物品清单	办公区必需物品清单

二、整顿

整顿是指必需品依规定整齐、有序、定位、定方法摆放并在区域进行明确标示。物品科学合理地摆放在固定的地点和区域，以便于寻找，消除因混放而造成的差错；物品目视化摆放，保证过目知数。将需要的物品加以定量、定位，以便用最快的速度取得所需之物，在最有效的规章、制度和最简洁的流程下完成作业。根据门店各区域物品的实际情况制定整顿标准及示意图。

前场物品 摆放标准及示意图	仓库物品 整理标准及示意图	办公区物品 整理标准及示意图

三、清扫

清扫是指清除现场内的脏污，清除作业区域的物料垃圾。员工使用的物品，要自行清扫，而不要依赖他人，不增加专门的清扫工；对设备的清扫，着眼于对设备的维护保养；清扫时还应注意安全性，如，清扫地面造成地面有水迹时应考虑顾客安全，及时张贴告示。根据门店各区域物品的实际情况，制定各岗位人员清扫标准及考核点和得分。

前场物品 清扫标准及考核点	仓库物品 清扫标准及考核点	办公区物品 清扫标准及考核点

四、清洁

清洁是指将整理、整顿、清扫实施的做法制度化、规范化，维持其成果。通过对整理、整顿、清扫活动的坚持与深入，从而消除发生安全事故的隐患，创造一个良好的工作环境，使职工能愉快地工作。门店不仅要环境清洁卫生，还应保证员工身体健康以及形体上的清洁、精神上的“清洁”，例如礼貌待人、尊重他人等。

前场物品 清洁标准及考核点	仓库物品 清洁标准及考核点	办公区物品 清洁标准及考核点	员工身心健康 访问、观察表

五、素养

素养是指人人按章操作、依规行事，养成良好的习惯，使每个人都成为有教养的人。努力提高员工的自身修养，使员工养成良好的工作、生活习惯和作风，让员工能通过实践 5S 获得思想境界的提升，与企业共同进步，这也是 5S 活动的核心。

员工执行规范制度考核标准及得分	员工日常活动考核标准及得分	员工仪容仪表考核标准及得分	员工语言行为考核标准及得分

任务思考

5S 管理的五大效用可归纳为 5 个 S，即 Safety（安全）、Sales（销售）、Standardization（标准化）、Satisfaction（客户满意）、Saving（节约）。试着思考 5S 管理如何带来五大效用。

（提示：立足消费者心态，换位思考。）

工作领域五

门店销售目标管理

知识导图

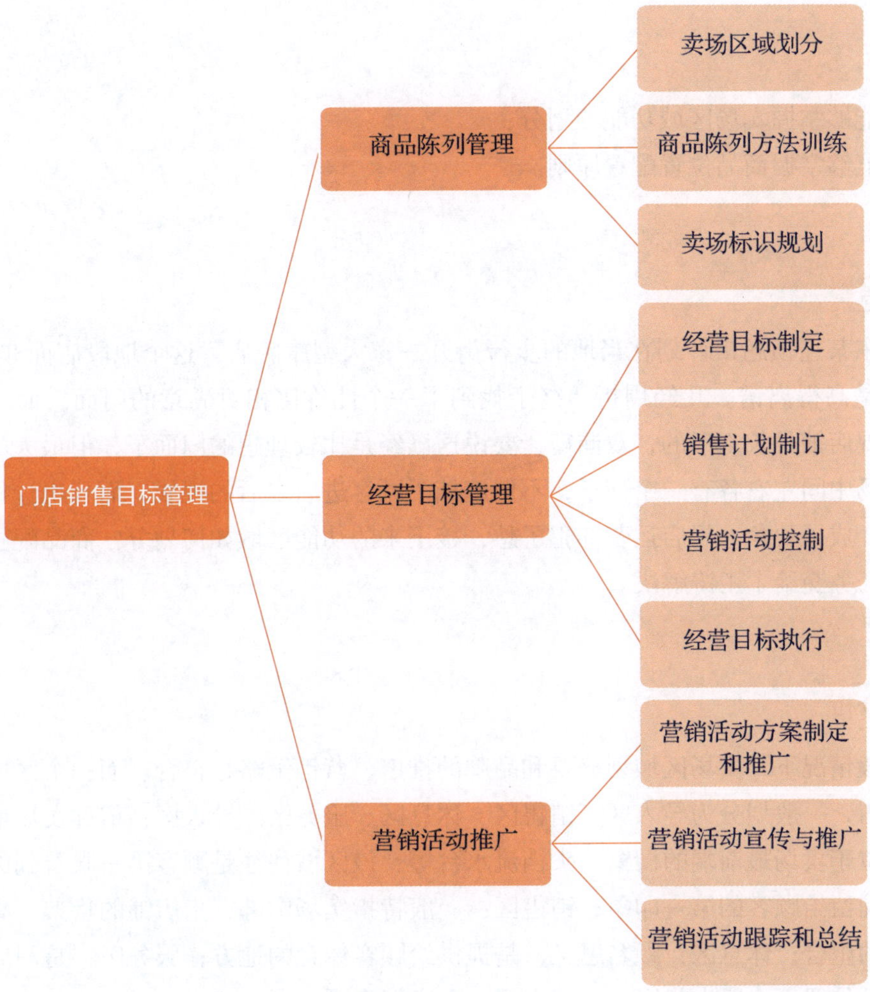

工作任务一

1

商品陈列管理

训练任务 1-1 卖场区域划分

任务目标

1. 能够掌握卖场区域功能的划分；
2. 能够掌握商品位置配置原则。

任务背景

广东某连锁超市计划在当地的步行街开一家大型旗舰店。这个地段店面非常难找，费用更是高得离谱。几经周折，终于找到了一个性价比相对满意的门面。而装修的时候，发现店铺是长方形的，双橱窗，要说这已经是比较理想的门面了，但最大的缺陷就是在卖场中间左右各有一个柱子，不但遮挡了顾客进店之后的视线，而且也让柱子后面的位置变成了死角。门店运营部犯了愁，接下来的功能区域如何划分？商品配置如何跟进呢？任务交给了王涛解决。

任务分析

一般情况下，卖场区域划分要和品牌的推广、营销策略相符合。而一个区域设置完整的门店，一般划分为导入区、销售区、休息区、服务区。导入区：俗称卖场前档，一般特指位于卖场最前端的橱窗、头档流水台等，该区域往往是顾客第一眼看到的，也代表了店铺留给顾客的第一印象；销售区：一般特指卖场中部，指店铺的货架、高柜、中岛柜等的组合；休息区：顾名思义，是提供给顾客休息的地方；服务区：是门店销售工作的后勤位置，一般由收银台、试衣间、仓库等组成。

任务操作

一、位置优劣分析

没有完美的店铺，任何一个店铺都有可能出现死角。而店铺寸土寸金，如何把店铺死角盘活，也可以有很多种方式。一般情况下，死角往往在顾客不易走到的角落，那么在这些位置可以装镜子、放海报、摆放模特、做主题式场景陈列、道具摆放、特殊商品陈列等，以此来吸引顾客的脚步。卖场有些位置无论放置什么商品都畅销，而有些位置什么商品放在那儿都不好卖。要认清卖场位置的优劣。描述你所了解的门店的位置优劣并补充表 5-1。

表 5-1 卖场位置的优劣

序号	位置	位置举例	位置特点
1	一等地带		
2	死角		
3	过渡区		

二、区位商品配置

要对卖场进行动线设计和通道设计，要能够清晰划分店铺区位，充分利用各位置的特点，进行差异化的商品配置。请填写表 5-2。

表 5-2 店铺区位商品配置

序号	位置	展示商品
1	展示位	
2	第一陈列位	
3	第二陈列位	
4	销售位	
5	连带销售位	

任务思考

学生到当地知名卖场调研，选择一个熟悉的卖场，画出卖场的布局图，说说这样布局有什么好处。

训练任务 1-2　商品陈列方法训练

任务目标

1. 能够掌握不同业态商品陈列的方法和技巧；
2. 能够对不同商品的陈列空间进行科学计算。

任务背景

黄强是某服装专卖店的店长，经常把早已缺货、断码的服装陈列在最显眼的位置，这不仅消耗店面的陈列空间，还提升了其他货物的库存量。如何通过数据分析来进行商品陈列管理呢？该任务让黄强愁眉不展。

任务分析

商品陈列对于门店来说是日常一项重要的基本工作，所有的销售都是通过陈列展示来完成的，好的商品陈列能够有效地提升客单价，提高平效和周转率。通过数据分析，按照销售额由大到小排列，计算出每个单品所占的销售比例，并从大到小累计销售占比，按照该单品为门店贡献的大小来分配陈列面，可以实现销售和陈列的正比关系。陈列空间的规划和货品展示结合得是否合理、完美，需要我们做系统的数据分析。

任务操作

一、陈列数据

通过数据分析我们可以知道店铺顾客的消费客群，以及他们购物的习惯和次数，这样可以研究出店铺陈列和橱窗陈列的更换周期，在货品陈列的时候，可以更有目的性地展示货品，也为门店的下次订货建立一个参考数据库。请填写表5－3。

表5－3 陈列数据

调查项目	平时	周末	节日
人流			
年龄段			
男女比率			
时间段			
进店时间			
购买的款式			

二、店铺平效和立效

平效就是店铺的单位面积能带来多少的销售额，即店铺销售额/店铺面积；立效就是陈列面的单位面积能带来多少的销售额，即店铺销售额/陈列面积。请填写表5－4。

表5－4 店铺平效和立效数据计算表

序号	内容	数据
1	平效	
2	立效	

三、销售的尺码与库存的安全线对比分析

通过对单类产品销售率的分析，可以了解店铺库存在季中或者季末的库存比例是否合理，也可以了解断码产品有哪些，对一些断码产品可以及时下架，可陈列在中岛架上，并搭配相对应尺码的衣服来销售。请填写表5－5。

表5－5 尺码销售率统计表

品类	尺码	销售数量	进货数量	销售率
牛仔裤	S			
	M			
	L			
	XL			
	XXL			
总计				

任务思考

如果在陈列前将数据分析做好，可以有效地进行店铺陈列。只有通过数据的分析和总结，才可以将店铺陈列空间合理规划，在合适的空间陈列上合适的货品，这样店铺陈列才可以发挥最优的作用来吸引顾客，促进店铺业绩的提升。某商场将女装区和男装区分设在商场的左方和右方，童装区放在商场的后部。发现女装销售尚可，男装和童装鲜有人光顾。为什么女性顾客看完女装后，很少光顾男装和童装区呢？

训练任务 1-3 卖场标识规划

任务目标

1. 能够掌握卖场入口等功能区域的标识规划；
2. 能够掌握卖场陈列展示区域的标识规划。

任务背景

黄强的卖场出入口、通道、收银区等处的标识设计不够清晰，消费者难以轻松了解整个卖场的结构布置，黄强急需解决这些问题。

任务分析

商场标识导向系统，指表现商场功能区域空间结构的环境信息，包括导购图、指示牌、地面标记等。大型购物商场内部相对于外界来说是一个独立的环境，消费者用于辨别方向、位置的参照物相对较少甚至没有，因此如果标识导向系统建立得不够完善，消费者极有可能要多花时间、人力寻找目标位置（当然，那些商场常客除外）。完善的商场导向标识系统应该能够让消费者了解整个商场的结构布置，知道自己所在的位置，清楚自己可以通过哪些路线到达目的地，使消费者能够在商场中轻松购物。如此说来，设计完善的标识导向系统便成为提升商场整体形象、展示企业个性的平台，同时也传播了企业文化，是增强企业竞争力的一个重要途径。

任务操作

一、设计关键点

在通过周围环境确定进出口的位置之后，还应当遵循“入宽出窄”的原则并根据出入口的位置确定卖场通道，设计顾客流动方向。在表 5－6 中填写设计要求与注意事项。

表 5－6　卖场标识设计要求与注意事项

序号	关键点	要求与注意事项
1	吸引力	
2	信息传递	
3	视觉动线	

二、设计分类

如果黄强已经把握了卖场标识设计要求、注意事项，他如何去解决问题呢？请帮助他填写表 5－7。

表 5－7　设计分类表

序号	设计分类	指示位置
1	一级导向标识	
2	二级导向标识	
3	三级导向标识	
4	四级导向标识	

任务思考

学生调研、搜集知名品牌大卖场出入口、通道、收银区域等的标识设计文字和图片资料，增加感性认识，并分析其优缺点。

工作任务二 2 经营目标管理

训练任务 2-1 经营目标制定

任务目标

1. 能制定经营总目标；
2. 能对年、季、月、日、时销目标进行分解；
3. 能制订实现目标的可行性计划。

任务背景

王一鸣在广州某连锁大卖场企划部工作，现在是年底，公司急需制订下一年的可行性计划。如何根据经营指标的要求，对年、季、月、日、时销目标进行分解，制订实现目标的可行性销售计划？公司决定把该任务交给王一鸣。

任务分析

销售计划是指在进行销售预测的基础上，设定销售目标额，进而为能具体地实现该目标而实施销售任务的分配作业，随后编写销售预算，来支持未来一定期间内的销售额的达成。销售计划是各项计划的基础。销售计划中必须包括上一年度详尽的商品销售量及销售金额数据。要根据公司的经营方针和经营目标，把销售目标分解到下一年的每季度、每月、每日甚至每时。企划人员如何利用上一年度的数据，并依据环境变化来科学制订可行性计划呢？销售计划通常包括 5 个方面的内容。

任务操作

一、市场分析

选择学校所在地具有代表性的大型超市进行调研，需要了解其门店的产品、竞争状况、消费行为、市场等信息，并以此作为市场分析的科学依据。请填写表 5 - 8。

表 5 - 8　市场分析

序号	分析	具体表述
1	产品	
2	竞争状况	
3	消费行为	
4	市场	

二、策略分析

目标制定务必策略先行，只有在一个清晰的策略指导下才好去制定下一年度的销售目标，因为每一个策略都有可能影响到具体的销售数据，目标是策略的具体体现，是公司策略的一种量化手段。请填写表 5 - 9。

表 5 - 9　策略分析

序号	策略	具体表述
1	渠道策略	
2	产品策略	
3	价格策略	
4	财务策略	
5	人员策略	
6	推广策略	
……	……	

三、确定总目标

需要上一年度详尽的商品销售量以及销售金额，并依据环境的变化科学预测门店一年内所要实现的理想状态。请填写表 5 - 10。

表 5 - 10　确定总目标

序号	目标	具体表述
1	目标一	
2	目标二	
3	目标三	

四、目标分解

有了年度总目标之后，上述目标在落实过程中，还需要进一步按照时间分解到每个月、每周甚至每天，同时，还要按照部门做进一步的任务区分。见表 5－11 和表 5－12。

表 5－11 总目标月度分解

序号	目标	1 月	2 月	3 月	4 月	5 月	6 月	7 月	8 月	9 月	10 月	11 月	12 月
1	目标一												
2	目标二												
3	目标三												

表 5－12 总目标部门分解

序号	目标	部门 1	部门 2	部门 3	部门 4	……
1	目标一					
2	目标二					
3	目标三					

五、可行性计划

店铺的销售行动计划是指为了实现店铺既定目标而制订的各种可实施性计划，是为实现目标所制定的具体行动步骤和周密的布置。门店需要对目标进行分解，并明确可行性计划内容，见表 5－13。

表 5－13 可行性计划内容

序号	项目	内　容
1	主要负责人	
2	时间	
3	费用预算	
4	绩效评估	

任务思考

销售计划的内容包括：市场分析、设定销售目标、制订销售行动计划、预计可达到的效果，以及销售计划应遵循的原则。那么如何做一份销售计划呢？

____

____

____

____

____

____

训练任务 2-2 销售计划制订

任务目标

1. 能够对上周期进行同比、环比、趋势分析；
2. 能够科学制订下一经营周期的销售计划。

任务背景

李然负责门店收银的工作已经有一段时间了，收银工作十分熟练，最近店长安排李然将本店上一经营周期及本经营周期的 POS 系统中的数据通过 Excel 进行整理，分析同比增长、环比增长、经营趋势以及影响因素等，以制订下一经营周期的销售计划。

任务分析

从门店 POS 系统中提取本店上一经营周期和本经营周期的销售额等相关信息，对这些信息进行数据分析，可以得出上一经营周期同比、环比增长数据，再据此分析出门店经营趋势以及影响因素等数据，进而制订出下一经营周期的销售计划。

任务操作

一、数据收集

在分析数据时，需要从 POS 系统海量的数据中提取本店本周期、上一经营周期和上一年度同时期的销售数据，请结合【任务背景】，在表 5－14 中填写相关数据。

表 5－14 上一经营周期和本经营周期的销售情况表

	周一	周二	周三	周四	周五	周六	周日
上一经营周期销售额							
本经营周期销售额							
上年度同周期销售额							

二、整理数据

从 POS 系统中提取出相关数据，并通过 Excel 数据分析得出本店同比增长和环比增长，在表 5－15、图 5－1、图 5－2 中填写相关数据。

表 5－15 同比增长和环比增长

	周一	周二	周三	周四	周五	周六	周日
同比增长							
环比增长							

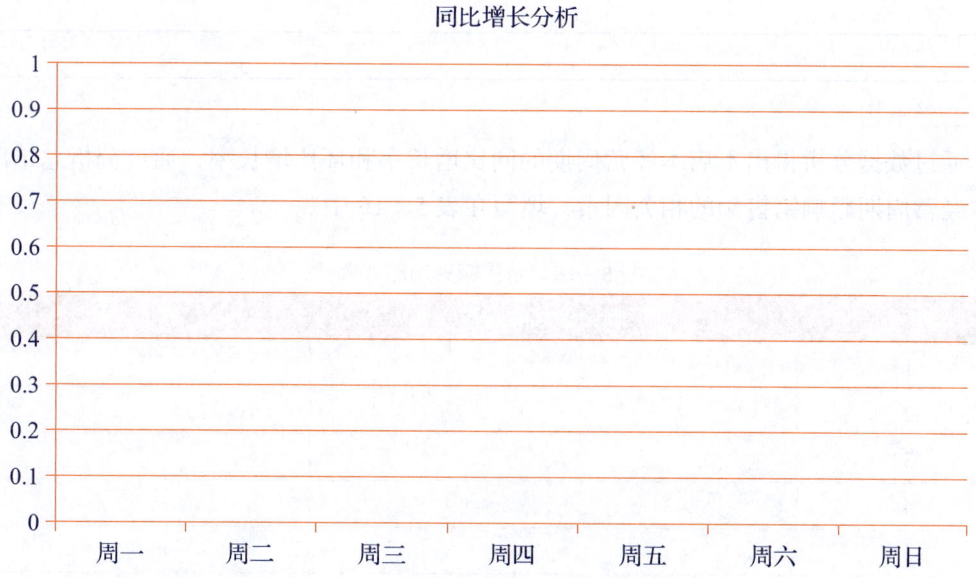

图 5－1 同比增长

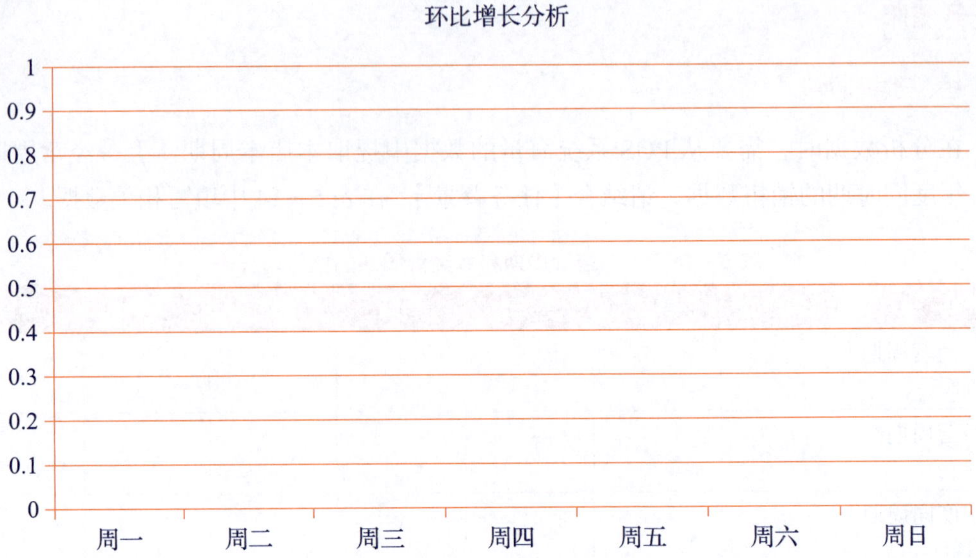

图 5－2　环比增长

三、分析数据

1. 经营趋势

通过数据分析得出本店本经营周期的同比增长率和环比增长率，通过分析总结出本店本经营周期的经营趋势是什么。

2. 影响因素

通过数据分析得出本店本经营周期的同比增长率和环比增长率，通过分析总结出本店本经营周期影响销售额的相关因素，填写在表 5－16 中。

表 5－16　销售额影响因素表

序号	影响销售额的因素	原因分析
1		
2		
3		
4		
5		
6		

四、对策分析

如果根据数据分析已经发现了一些规律和得出了一些结论，那么接下来应该给门店制订下一经营周期的销售计划，填写在表 5-17 中。

表 5-17 本店下一经营周期的销售计划表

	周一	周二	周三	周四	周五	周六	周日
下一经营周期销售额							

任务思考

还可以从哪些方面得出下一经营周期的销售计划？

训练任务 2-3　营销活动控制

任务目标

能根据制定的销售目标，对营销活动执行过程中的各项工作进行督导，及时修正并对活动执行情况进行总结分析。

任务背景

王一鸣在广州某连锁大卖场企划部工作，由于榴莲是该公司的核心商品，其在南区的消费群体很大，于是公司计划推出一款价位比较高的榴莲味冰激凌，由泰国直接进口到广州进行销售。上级安排王一鸣对营销活动执行过程中的各项工作进行督导，针对各项工作出现的问题进行及时的修正，再对活动执行情况进行总结分析。

任务分析

王一鸣对营销活动执行过程中的各项工作进行督导。首先确立各项工作，确定方向再对其进行监督，并对各项工作中出现的问题进行及时的修正，结合监督情况和修正结果，对活动执行情况进行总结与分析。

任务操作

一、确定营销活动执行过程的各项工作

王一鸣对营销活动执行过程进行了调查，确定执行过程的各项工作有哪些，并填写在表 5－18 中。

表 5－18 各项工作的确立

	项目名称	确立原因
线上		
线下		

二、督导各项工作

王一鸣在确立各项工作的具体内容后，对其进行监督，监督情况填写在表 5－19 中。

表 5－19 监督情况表

	项目名称	监督情况	分析原因
线上			
线下			

三、修正分析

王一鸣通过监督发现有些工作项目存在一些问题，为了进一步修正这些问题，王一鸣制定了修正措施（见表 5－20）。

表 5－20 修正措施

	项目名称	存在的问题	修正的措施
线上			

续表

	项目名称	存在的问题	修正的措施
线下			

四、总结分析

1. 优缺点分析

王一鸣通过上述各个项目的确定、监督以及修正，对各项目进行了优缺点分析，并填写在表 5－21 中。

表 5－21　优缺点分析

	项目名称	优点	缺点
线上			
线下			

2. 总结分析

____

____

____

____

____

____

任务思考

你对营销活动执行有何有效的建议？

____

____

____

____

____

____

训练任务 2-4 经营目标执行

任务目标

能根据制定的经营目标，及时调整日销、月销的销售计划，多渠道促成目标的实现和执行。

任务背景

王一鸣在广州某连锁大卖场企划部工作，由于榴莲是该公司的核心商品，其在南区的消费群体很大，于是公司计划推出一款价位比较高的榴莲味冰激凌，由泰国直接进口到广州进行销售。现上级已发布了经营目标，安排王一鸣根据下达的经营目标，及时调整日销和月销的销售计划，多渠道促成目标的实现和执行。

任务分析

王一鸣要完成上级下达的经营目标，就要根据经营目标调整日销和月销的销售计划，并多渠道地促成目标的实现和执行。王一鸣可以根据经营目标的 SWOT 分析与资源匹配分析，将各个目标分解到每月，甚至每天。最后通过多渠道促成销售目标的实现和执行。

任务操作

一、目标分析

1. SWOT 分析

王一鸣为了更好地了解经营目标，及时调整日销和月销的销售计划，对经营目标进行了 SWOT 分析，并填写在表 5－22 中。

表 5－22 经营目标的 SWOT 分析

优势（S）	劣势（W）
威胁（T）	机会（O）

2. 资源匹配分析

考虑到每个月因为节假日等因素的影响，王一鸣根据往年的数据以及节假日的分布对资源匹配进行了分析，分析结果填写在表 5－23 和表 5－24 中。

表 5－23 各月资源分配情况表

月份	资源分配	分析原因
1		
2		
3		
4		
5		
6		
7		
8		
9		
10		
11		
12		

表 5-24 节假日当天的资源分配

节假日	资源分配	分析原因
元旦		
春节		
情人节		
元宵节		
妇女节		
清明节		
母亲节		
儿童节		
端午节		
父亲节		
教师节		
国庆节		
圣诞节		

二、调整销售计划

王一鸣结合销售目标和往年的资源匹配分析，对日销和月销的销售计划进行了特殊时点调整，调整结果填写在表 5-25 和表 5-26 中。

表 5-25 月销售计划表

月份	销售计划	分析原因
1		
2		
3		
4		
5		
6		
7		
8		
9		
10		
11		
12		

表 5－26　节假日当天的销售计划

节假日	销售计划	分析原因
元旦		
春节		
情人节		
元宵节		
妇女节		
清明节		
母亲节		
儿童节		
端午节		
父亲节		
教师节		
国庆节		
圣诞节		

三、多渠道促成目标的实现

王一鸣定好了月销和日销的销售计划，开始对后期实现这些目标而制定多渠道的销售方案，并填写在表 5－27 中。

表 5－27　线上、线下销售任务方案

	销售项目	销售方案
线上		
线下		

四、目标的执行

王一鸣根据经营目标的 SWOT 分析和资源匹配分析，日销和月销的销售计划以及为促成目标实现制定的多渠道的销售项目，对目标的执行制定详细方案，并填写表 5－28 和表 5－29 中。

表 5－28　各月目标的执行

月份	目标的执行	分析原因
1		
2		

续表

月份	目标的执行	分析原因
3		
4		
5		
6		
7		
8		
9		
10		
11		
12		

表 5-29　节假日当天目标的执行

节假日	目标的执行	分析原因
元旦		
春节		
情人节		
元宵节		
妇女节		
清明节		
母亲节		
儿童节		
端午节		
父亲节		
教师节		
国庆节		
圣诞节		

任务思考

在执行目标的过程中会遇到哪些问题?

____

____

____

____

____

____

工作任务三 3 营销活动推广

训练任务 3-1　营销活动方案制定和推广

任务目标

1. 能根据门店商品的销售情况，制订营销计划；
2. 能根据节假日客流情况制定活动方案和推广计划。

任务背景

5 月 20 日是网络情人节，巧克力为情人节主力商品之一。王一鸣在广州某连锁大卖场企划部工作，由于巧克力是该公司的热门商品，其在南区受消费者青睐，于是公司计划推出一款性价比较高的好时巧克力进行销售。调查显示，选择巧克力作为情人节礼物的人占有很大的比重。如何根据节假日客流情况对该商品制定活动方案和推广计划就成了接下来的任务。该任务最终交给了王一鸣。

任务分析

活动目标是提升销量和品牌的认知度及美誉度。只有目标明确才能使活动有的放矢。活动主题是促销活动方案的核心部分，应该力求创新，使活动具有震撼力和排他性。活动推广方式多种多样，但每个商品在不同时期因不同目的会选择不同的营销方式，这样才能保证商品推广营销利益最大化，效果最佳化。活动的时间和地点选择得当会事半功倍。

任务操作

一、活动目标的制定

训练时可以结合所在地有代表性的大型超市 520 活动日进行调研：活动针对的目标市场是什么？哪些是促销的市场目标？哪些是促销的竞争目标？这些选择的正确与否会直接影响到促销的最终效果。据此请补充表 5 - 30。

表 5 - 30　公司此次活动目标

序号	目标	具体表述
1	市场目标	
2	竞争目标	
3	财务目标	

二、活动主题的确定

在这一部分，主要是解决两个问题：

（1）确定活动主题；

（2）包装活动主题。

降价？价格折扣？赠品？抽奖？礼券？服务促销？演示促销？消费信用？还是其他营销工具？选择什么样的营销工具和什么样的营销主题，要考虑到活动的目标、竞争条件和环境及营销的费用预算和分配。

在确定了主题之后要尽可能艺术化地淡化营销的商业目的，使活动更接近于消费者，更能打动消费者。这一部分是营销活动方案的核心部分，应该力求创新，使活动具有震撼力和排他性。据此请补充表 5 - 31。

表 5 - 31　活动主题

序号	活动主题	营销工具
1	爱就马上行动，好时巧克力与你在一起	
2	好时巧克力，520 1314	

三、活动推广方式的选择

（1）确定伙伴：是厂家单独行动，还是和经销商联手，或是与其他厂家联合促销？和媒体合作，有助于借势和造势；和经销商或其他厂家联合可整合资源，降低费用及风险。

（2）确定刺激程度：要使营销取得成功，必须使活动具有刺激力，能刺激目标对象参与。刺激程度越高，推广的反应就越大。但这种刺激也存在边际效应。因此必须根据营销实践进行分析和总结，并结合客观市场环境确定适当的刺激程度和相应的费用投入。据上请完成表 5 - 32。

表 5 - 32　推广方法

序号	推广方法	具体内容
1	联盟策略	
2	软文推广	
3	微博营销	
4	数字化营销	

四、活动时间和地点的规划

营销活动的时间和地点选择得当会事半功倍，选择不当则会费力不讨好。在时间上尽量让消费者有空闲参与，在地点上也要让消费者方便，而且要事前与城管、工商等部门沟通好。不仅发动促销活动的时机和地点很重要，对于持续多长时间效果最好也要深入分析。持续时间过短会导致在这一时间内无法实现重复购买，很多应获得的利益不能实现；持续时间过长，又会引起费用过多而且市场形不成热度，并降低顾客心目中的价格。请填写表 5 - 33。

表 5 - 33　活动时间地点

活动时间	活动地点

五、促销效果的评估

根据门店以往 520 巧克力销售情况制定商品统计表，以利于活动前商品销售预估与活动结束后的实际情况进行比较，见表 5 - 34。

表 5 - 34　商品销售日报表

商品名	销售额（元）		报价毛利率（%）	本日销售完成率（%）
	数量	金额（元）		

任务思考

预测这次活动会达到什么样的效果，活动结束后与实际情况进行比较，从刺激程度、营销时机、推广媒介等各方面总结成功点和失败点。

训练任务 3-2　营销活动宣传与推广

任务目标

1. 能够做好前期的宣传和推广活动；
2. 能够调配资源确保活动的执行。

任务背景

王辉作为一名连锁大卖场的店长，近期正在根据门店营销活动计划筹备 6 月份的端午节活动，以端午节为契机举行活动，吸引顾客到来，促进销售；活动过程中，跟进活动进度，进行货物的采购，并且严格控制产品质量；同时，对员工进行活动操作流程培训，制定相应话术，来保证活动的顺利实施。

任务分析

要完成此项任务，首先要对活动进行前期宣传和推广，活动中也要注意影响，保证良好声誉；要控制好活动物资，及时进行采购补货，同时产品质量检查也需要把控；活动中工作人员的素质能力需要提高，对其进行一定的标准化。

任务操作

一、前期宣传与推广

活动的前期宣传与推广可以提升品牌的影响力，提升消费者的忠诚度，吸引媒体的关注，因此做好宣传工作是非常必要的。请结合表 5-35 列举出来的方式，填写其宣传效果。

表 5-35 前期的宣传与推广

序号	方式	宣传效果
1	公关推广	
2	广告推广	
3	人员推广	

二、物料筹备

进行物料管理的目的就是让企业以最低的费用完成所有流程，能适时、适量、适价、适质地满足使用部门的需要，减少损耗，发挥物料的最大效益。请填写表 5-36。

表 5-36 物料筹备

产品名称	采购数量	促销方法
1		
2		
3		

产品的质量就是产品的生命，也是一家公司的生命。保证产品质量，不仅能稳固现有市场，还能赢得更多客户的信任，提高经济效益。控制产品质量，首先要检测产品质量。请填写表 5-37。

表 5-37 产品质量检测表

产品名称	不合格数	总数	合格率
1			
2			
3			

三、人员管理

培训能增强员工对企业的归属感和责任感。就企业而言，对员工培训得越充分，对员工越具有吸引力，越能发挥人力资源的高增值性，从而为企业创造更多的效益；能促进企业与员工、管理层与员工层的双向沟通，增强企业向心力和凝聚力，塑造优秀的企业文化。请填写表 5－38。

表 5－38　员工培训计划表

员工编号	工作职责	培训内容
1		
2		
3		

四、风险评估与解决方案

针对门店可能出现的风险，请想出相应的解决方案，并填写在表 5－39 中。

表 5－39　风险评估与解决方案

序号	风险	解决方案
1		
2		
3		

任务思考

完成以上步骤，可以确保活动顺利展开。此外，还有哪些举措可以使活动更加完善？

训练任务 3-3 营销活动跟踪和总结

任务目标

1. 能及时指导、协调和跟踪营销活动的实际执行情况；
2. 能修正操作失误，进而对员工做出正负激励。

任务背景

每年的春节都是超市最为忙碌的时候，王辉所在的门店也不例外，但是之前连日的忙碌让员工们颇有怨言，员工大都没有工作热情，并且时常发生操作失误，为超市带来损失。活动没有达到预期效果。面对这些问题，店长王辉需要采取什么措施才能使活动圆满成功呢?

任务分析

通过调查营销活动的实际情况，从活动中找出出错的原因，以及出错的员工，可以具体到个人，并且从根源解决问题；针对问题进行指导和协调，给员工指明方向，并给员工一定的激励，让员工感受到企业的温暖。然后继续跟踪调查纠错指导后的效率变化，从薪资、工作时间段和工作环境这三点出发，研究它们对员工工作热情的影响，以此来制定正负激励措施，最后进行总结。

任务操作

一、执行情况跟踪

（1）调查营销活动的实际情况，填写表 5-40。

表 5-40　活动中实际发生的问题和出错原因

实际发生的问题	出错原因	出错员工编号

（2）分析表 5-40，对出错的员工进行指导与协调，填写表 5-41。

表 5-41　对出错员工进行指导与协调

员工编号	指导纠错	协调
1		
2		
3		
4		
……		

（3）对表 5-40 和表 5-41 进行分析，跟踪调查，填写表 5-42。

表 5-42　对员工工作跟踪调查

员工编号	指导（协调）前的效率	指导（协调）后的效率
1		
2		
3		
4		
……		

二、员工的工作热情调动

（1）提高员工薪资后，计算员工的工作效率提升了多少，填写表 5-43。

表 5－43　员工提高薪资前后的工作效率

员工编号	提高薪资前的工作效率	提高薪资后的工作效率
1		
2		
3		
4		
……		

（2）合理安排员工的工作时间，调查员工在不同时间段的工作效率，比较后进行调整。填写表 5－44。

表 5－44　员工在不同时间段的工作效率

员工编号	时间 1	时间 2	时间 3
1			
2			
3			
4			
……			

三、活动现场氛围

活动现场氛围可以让顾客自发地产生或放弃一系列购买欲望和决定。填写表 5－45。

表 5－45　如何提高活动现场氛围

序号	具体方案
1	
2	
3	
……	

四、制定正负激励措施

设立正激励与负激励制度。激励的目的是能够让员工在工作中不断地激励自己往更好的方面进步。其中正激励是因为员工某些方面做得较突出或付出较多而给予的奖励；负激励是指因为员工某些方面犯了错误而受到的处罚。填写表 5－46。

表 5-46 正负激励措施表

序号	条件	正激励（奖励）	负激励（惩罚）
1			
2			
3			
4			
……			

任务思考

面对员工工作积极性低，我们如果只能采用加薪这一个方法，那么企业的负担就太大了。还有哪些方法能够提高员工工作积极性呢？